国家自然科学基金项目（71871049，71571039，71271051）
辽宁省高等学校创新团队支持计划资助项目（WT2013004）

价值链视角下
基于关键要素的
商业模式选择方法研究

刘凯宁 樊治平 ◎ 著

中国财经出版传媒集团

经济科学出版社

Economic Science Press

图书在版编目（CIP）数据

价值链视角下基于关键要素的商业模式选择方法研究/
刘凯宁，樊治平著 . —北京：经济科学出版社，2019.5
ISBN 978 - 7 - 5218 - 0396 - 9

Ⅰ.①价⋯　Ⅱ.①刘⋯②樊⋯　Ⅲ.①商业模式 - 研究
Ⅳ.①F71

中国版本图书馆 CIP 数据核字（2019）第 051736 号

责任编辑：程辛宁
责任校对：刘　昕
责任印制：邱　天

价值链视角下基于关键要素的商业模式选择方法研究

刘凯宁　樊治平　著

经济科学出版社出版、发行　新华书店经销

社址：北京市海淀区阜成路甲 28 号　邮编：100142

总编部电话：010 - 88191217　发行部电话：010 - 88191522

网址：www. esp. com. cn

电子邮件：esp@ esp. com. cn

天猫网店：经济科学出版社旗舰店

网址：http：//jjkxcbs. tmall. com

固安华明印业有限公司印装

710 × 1000　16 开　14.5 印张　230000 字

2019 年 5 月第 1 版　2019 年 5 月第 1 次印刷

ISBN 978 - 7 - 5218 - 0396 - 9　定价：68.00 元

（图书出现印装问题，本社负责调换。电话：010 - 88191510）

（版权所有　侵权必究　打击盗版　举报热线：010 - 88191661

QQ：2242791300　营销中心电话：010 - 88191537

电子邮箱：dbts@ esp. com. cn）

前　言

　　商业模式是一个企业如何获取价值和利润并保持竞争力的一系列活动和逻辑结构的描述，其也是包含一系列要素及其关系的概念性工具，而商业模式的选择就是对其构成要素的重新选择与重新组合。随着经济的快速发展和国际化进程的不断加快，企业面临的挑战和竞争越来越严峻，企业间的竞争已不再局限于产品与服务之间的竞争，而是逐渐演变为商业模式之间的竞争。近年来，许多企业都在积极地进行商业模式创新并选择适合自身发展的商业模式，以便于促进企业利润的增长以及竞争优势的提升，并且还有助于拓宽企业未来的发展空间。因此，针对企业商业模式选择理论与方法的研究具有重要的现实意义。目前，关于商业模式选择方面的研究已经引起了一些学者的重视，学者们提出了许多有针对性的商业模式选择的理论与方法。已有研究表明，有关企业商业模式选择方面的研究，一方面是学者们关注了基于价值链视角的研究，并且关于商业模式的本质就是企业的价值创造逻辑（即价值链创新）的论断得到了学者们的广泛认可，越来越多的学者开始从价值创造的视角来界定商业模式的含义；另一方面是学者们关注了商业模式构成要素创新与组合的研究。因此，针对价值链视角下基于关键要素的商业模式选择方面的研究是一个值得深入研究的重要课题。

本书针对已有的相关研究成果的不足之处，对价值链视角下基于关键要素的商业模式选择方法进行了较为深入的研究，主要呈现以下几个方面的研究工作：

（1）价值链视角下基于关键要素的商业模式选择的概念界定及研究框架。通过分析和梳理现有的关于商业模式选择的相关研究成果，以及在明确商业模式选择的相关概念和理论基础上，给出了价值链视角下基于关键要素的商业模式选择问题的一般性描述，同时，对价值链视角下基于关键要素的商业模式选择中所涉及的决策问题进行了提炼和分类，并据此确定本书着重解决的问题：价值链视角下商业模式选择的关键要素识别方法、基于相似案例分析的商业模式关键要素选项的确定方法、商业模式关键要素选项的修正与补充方法以及基于关键要素选项组合的商业模式备选方案的生成与优选方法。针对需要解决的问题，给出了本书的研究框架以及其相关说明。

（2）价值链视角下商业模式选择的关键要素识别方法。基于价值链理论并通过对已有的关于商业模式构成要素的相关文献分析，综合考虑学者们在不同研究中给出的商业模式构成要素，采用文献计量方法对价值链视角下的商业模式构成要素进行了筛选。在此基础上，考虑不同学者在不同研究中对商业模式构成要素提法和命名略有不同而含义却相似或相同的实际情况，采用德尔菲法对基于文献计量分析筛选出的价值链视角下的商业模式构成要素进行了修正。进一步地，在考虑构成要素间的关联关系的情形下给出了基于DEMATEL方法的商业模式关键要素识别方法。

（3）基于相似案例分析的商业模式关键要素选项的确定方法。考虑现实中的企业内部和外部环境不尽相同，商业模式的关键要素也会存在不同的表现形式。为此，依据 CBR 的基本思想，并考虑了具有复杂特征的实际问题中可能涉及的符号型、数值型和语言型等三种形式的信息，首先给出了基于信息熵的客观权重计算方法以及基于群体评价信息的主观权重计算方法，进而给出了一种综合主观因素和客观因素的属性权重确定方法，在此基础上，给出了商业模式案例属性相似度以及案例相似度的计算方法。进一步地，通过设置相似度阈值来提取商业模式的相似历史案例，并确定了备选商业模式的关键要素选项。

（4）商业模式关键要素选项的修正与补充。首先给出了商业模式关键要素选项的修正原则与修正策略，然后，针对现实中具体的目标案例企业的实际情况，给出了基于群体专家评价的商业模式关键要素选项重要性的确定方法，并据此对商业模式关键要素选项进行修正。在此基础上，给出了商业模式关键要素选项的补充原则与补充策略，采用头脑风暴法对商业模式关键要素选项进行补充，最终确定商业模式关键要素选项。

（5）基于关键要素选项组合的商业模式备选方案的生成与优选。首先，考虑现实中各关键要素选项间可能会出现不匹配、不相容的情况，给出了基于群体专家评价的商业模式关键要素选项间相容性的确定方法。然后，给出了基于关键要素选项间相容性评价的备选商业模式生成规则，同时，基于生成规则提出了商业模式备选方案的生成方法。相应地，考虑各评价指标之间并非完全独立而是存在着关联关系，给出了基于 DEMATEL 方法的商业模式评价指标权重确定方法。进一步地，考虑商业模式选择问题涉及多位专家和多个评价指标，将传统的 TOPSIS 算法扩展到群体多准则决策，进而给出了基于扩展 TOPSIS 的商业模式选择的计算方法。

（6）价值链视角下基于关键要素的 KXF 公司的商业模式选择。首先，围绕 KXF 公司的商业模式选择问题，阐明了该公司商业模式选择的实际背景和必要性，并给出了 KXF 公司商业模式选择问题的描述；然后，依据本书的理论与方法研究成果，针对 KXF 公司的实际情况确定了其商业模式的关键要素及其选项；进一步地，通过对 KXF 公司商业模式关键要素选项进行修正与补充，给出了 KXF 公司商业模式备选方案的生成与优选，并对计算结果进行了相关分析。

本书提出的价值链视角下基于关键要素的商业模式选择方法，可应用到现实中解决各行各业的企业商业模式选择问题。本书的研究工作和成果为价值链视角下基于关键要素的商业模式选择问题的研究提供了理论方法层面和实际应用层面的借鉴和参考，并为相关研究的扩展与应用奠定了坚实的基础。

在本书的撰写过程中，得到了许多专家、学者的帮助和指导，使本书涉及的研究工作能够顺利开展并最终完成，这里一并表示感谢！本书涉及的研究工作得到了国家自然科学基金项目（71871049，71571039，71271051）和辽宁省高等学校创新团队支持计划资助项目（WT2013004）的支持。

本书的一些内容是探索性的研究成果，由于作者水平有限，书中的观点有许多是不成熟的，许多提法和叙述难免有不妥以及疏漏之处，恳请学术同行以及政府、企业管理界人士能够给予多方面的批评指正。

刘凯宁　樊治平

2019 年 3 月于沈阳

目 录
CONTENTS

第1章

绪　论

1.1　研　究　背　景

商业模式选择问题是一个值得关注的重要研究问题，其在现实中具有广泛的实际应用背景。本节将阐述商业模式选择的研究背景。

1.1.1　选择适合的商业模式对企业保持竞争优势具有重要作用

随着市场经济的快速发展和国际化进程的不断加快，市场环境发生巨大的变化，资金、技术、人才等生产要素的流动更加迅速，使得企业的发展空间更加开阔，同时企业面临的挑战也越来越严峻，竞争压力也日趋增强。企业能否顺势而为、谋求发展，关键就在于其能否选择适合的商业模式来引领和指导企业未来的发展[1-5]。

商业模式是指一个完整的产品、服务和信息流体系，包括每一个参与者和它们在其中起到的作用，以及每一个参与者的潜在利益和相应的收益来源和方式[1-7]。著名管理学大师德鲁克（Drucker）曾指出企业间的竞争已不再局限于产品与服务之间的竞争，而是逐渐演变为商业模式之间的竞争。商业模式选择是指改变和创新企业的产品和服务、调整企业的战略方向和运营模式，并从可能存在的备选方案中选择企业能够获取利润、提升竞争力、拓宽未来发展空间的最优方案的过程。因此，选择适合的商业模式对企业保持竞争优势具有重要的作用，这主要体现在以下几个方面。

1. 促进企业的盈利增长。

选择适合的商业模式能够帮助企业合理规划成本结构，进一步预估利润潜力，明确企业在行业内的位置，制定合理的竞争战略，最终实现利润最大化[3-5]。例如，戴尔（Dell）公司采用"直接经营"的商业模式为目标客户提供个性化的服务，与供应商和客户之间建立了灵活的沟通渠道，打破了传统的生产商仅与供应商之间的供需配合，该模式能够让戴尔公司直接获取消费者的反馈信息，并及时将反馈信息传递给供应商及合作伙伴。由此可见，戴尔公司选择了适合其自身发展的商业模式，使其在全球 IT 行业不景气的情况下，依然能够获得高于行业平均利润水平的盈利。

2. 提升企业的竞争力。

选择适合的商业模式可以帮助企业进一步识别细分市场、改进企业内部的运营管理、创新产品与服务、加强企业与外部利益相关者的互动与合作，最终提升企业的竞争力[2-5]。例如，沃尔玛（Walmart）公司一直面临着零售业激烈的价格战，然而该公司却能在激烈的市场竞争中明确自身的位置，针对不同细分市场的目标消费者，采用不同的零售经营模式。该公司选择了适合自身情况的商业模式，不仅改变了其产品的定位，创新了经营模式，还通过公益活动等方式加强了与政府与社会的互动与合作，有效提升了企业在行业内的竞争力。

3. 拓宽企业未来的发展空间。

选择适合的商业模式能够帮助企业在提升竞争力的同时，拓宽其未来的发展空间[2-5]。例如，由于航空运输业的固定成本比例较高，所以航空公司在长期经历价格战的同时，难以向客户提供灵活、高效的服务。美国西南航空公司却能开创性地选择了"廉价航空公司"的商业模式，成为全球第一家只提供短航程、高频率、低价格、点对点的航空公司，使该公司不仅连续实现了高额利润，同时为公司的进一步的转型与发展提供了广阔的空间。

综上所述，商业模式描述了一个企业如何获取利润并保持竞争优势的一系列活动和逻辑结构[2-4]，商业模式选择涉及了如何获取原材料、如何进行生产和运营，以及如何满足最终顾客需求的一系列活动，选择适合的商业模式对促进企业盈利增长、提升企业的竞争力、拓宽企业未来发展空间起着至关重要的作用。

1.1.2　商业模式选择问题研究近年来备受关注

"商业模式"一词最早出现在 1957 年贝尔曼（Bellman）和克拉克（Clark）等[6]的文章中，学术界将商业模式作为研究主题起源于 1960 年琼斯（Jones）[7]的文章。早期有关商业模式的研究主要是对其概念、含义及其构成要素的研究，学者们对商业模式的研究经历了一段快速发展的时期，研究商业模式的文献开始大量出现在各类经济管理类的权威期刊上。20 世纪 90 年代，蒂默尔斯（Timmers）[1]和马哈德文（Mahadewan）[2]将商业模式的概念引入市场营销和运作管理的研究领域，后来又有学者从战略管理的角度对其进行了研究[3-5]。近年来，许多学者高度重视对商业模式选择方面的研究，这是因为选择适合的商业模式不仅有助于促进企业利润的增长以及竞争力的提升，而且还能拓宽企业未来的发展空间。目前，如西南航空公司、沃尔玛、易趣等许多知名企业都在积极地探索适合企业自身发展的商业模式。由于选择适合的商业模式是企业发展与盈利的重要前提，因此针对商业模式选择理论与方法的研究具有重要的现实意义，也是近年来需要关注的重要研究课题。

针对商业模式选择的理论与方法的研究，近年来可以看到一些国外重要学术期刊，例如，《管理科学》（*Management Science*）、《制造与服务运营管理》（*Manufacturing & Service Operations Management*）、《运筹学》（*Operations Research*）、《专家系统与应用》（*Expert systems with Applications*）、《应用软计算》（*Applied Soft Computing*）、《电子市场》（*Electronic Market*）等，以及国内重要期刊，例如，《管理学报》《管理科学》《管理科学学报》《中国管理科学》《软科学》《科研管理》《技术经济》等，都刊登了相关的研究成果。不难看出，国内外学者通过采用定性与定量相结合的研究方法对商业模式的选择问题进行了有针对性的研究，这些方法涉及平衡计分卡[8]、SWOT 分析方法[9,10]、五力模型分析法[11]、AHP 方法[11-16]、VIKOR 方法[17,18]和 TOPSIS 方法[17,19]等。

综上所述，已有文献表明，关于商业模式选择问题的研究，无论是企业界，还是学术界，都是值得关注的重要研究课题。

1.1.3 研究价值链视角下基于关键要素的商业模式选择方法的必要性

价值链的概念是由美国哈佛商学院的波特（Porter）于 1985 年最早提出的[20]，他认为企业的价值创造是通过一系列生产和经营活动来实现的，这些活动包括若干个基本活动和若干个辅助活动，这些互不相同但又相互关联的生产经营活动，构成了一个价值创造的动态过程，即价值链。商业模式的本质在于创造价值，价值链创新就能实现价值增值，这也正是商业模式的意义所在。因此，价值链理论可作为企业商业模式选择问题研究的理论基础与依据。通过价值链分析，企业可以对其各业务领域涉及的关键活动进行系统分析，从而抓住这些业务领域运行的本质并发掘其价值增值点，并据此选择适合企业自身发展的商业模式。近年来，关于商业模式的本质就是企业价值创造的逻辑（即价值链创新）的论断得到了越来越多学者的认可[21-25]，且从价值链视角对商业模式进行研究得到了一些学者的高度重视[21-25]。有关商业模式的概念与含义，学者们尚未形成统一的观点，但是学者们普遍认为构成要素是描述商业模式的基本单位，所以商业模式选择可以视为对其构成要素的选择与创新。

综上所述，深入研究价值链视角下基于关键要素的商业模式选择方法的必要性主要体现在以下两个方面：

1. 发展或完善关于价值链视角下基于关键要素的商业模式选择的理论与方法。

通常，商业模式选择涉及诸多环节和多个决策问题，每个环节的决策问题都有其自身的特点与特征，如何有效、合理地解决商业模式选择中的若干决策问题是解决商业模式选择问题的关键。目前，关于商业模式选择问题的方法研究虽然已经引起了学者们的广泛关注，但是已有的研究成果尚存在不足之处，主要体现在如下三个方面：第一，关于商业模式选择方法的研究仍有许多问题值得进一步补充和完善，已有的研究缺少较为系统性的研究和具有可操作性的价值链视角下商业模式选择的理论研究框架。第二，针对商业模式选择中所涉及的若干决策问题，尚未进行科学的提炼和分类。例如，价值链视角下商业模式选择的关键要素识别问题、价值链视角下商业模式关键要素选项的确定问题、商业模式选择的关键要素选项的修正与补充问题、基于关键要素选项组合的商业模式备选方案的生成与优选问题等。上述问题尚未进行系统地研究，且具有针对性的研究成果尚不多见。第三，已有的关于商业模式选择问题的方法研究中，有关各构成要素的评价指标之间相互影响的研究比较匮乏。因此，有关价值链视角下基于关键要素的商业模式选择方法的研究仍需要进一步的探索和深入的研究。

2. 促进价值链视角下基于关键要素的商业模式选择方法的应用研究。

现实中，商业模式选择的实际应用背景非常广泛，有必要针对具体、典型的企业进行商业模式选择问题的应用研究。例如，针对现实中具体企业的商业模式有哪些构成要素；应该重点考虑哪些关键要素；如何确定关键要素的表现形式（即关键要素选项）；如何进行关键要素选项的修正与补充；如何进行商业模式备选方案的生成与优选；等等。诸如此类的问题是值得关注的，相应的决策分析方法也具有很强的可扩展性。因此，需要针对价值链视角下基于关键要素的商业模式选择中的每个决策分析问题进行深入的研究，以便于解决现实中具体企业的商业模式选择问题，为企业管理者以及决策分析者提供可以借鉴的方法，指导他（她）们有效地进行商业模式选择，与此同时，验证本书提出方法的实用性和有效性，从而为该决策分析方法的进一步扩展与应用奠定坚实的基础。

1.2　问题的提出

商业模式选择问题具有广泛的实际背景，考虑到已有的相关研究成果的不足之处，需要从价值链的视角基于关键要素对商业模式选择问题进行深入研究，通过研究提出或建立价值链视角下基于关键要素的商业模式选择的新概念、新理论和新方法。本节将阐述本书需要重点关注并研究的若干问题，具体包括：价值链视角下基于关键要素的商业模式选择的研究框架、价值链视角下商业模式选择的关键要素的识别、价值链视角下商业模式选择关键要素选项的确定、商业模式的关键要素选项的修正与补充以及基于关键要素选项组合的商业模式备选方案的生成与优选。

1.2.1 价值链视角下基于关键要素的商业模式选择的研究框架

针对价值链视角下基于关键要素的商业模式选择问题的研究，首先需要给出针对该问题的研究框架，并以该框架为指导，进行深入有针对性的方法研究和应用研究。

在现实中，企业要在激烈的竞争中谋求生存与发展，则必须进行企业自身价值链的分析，即通过对各业务领域涉及的关键活动进行系统分析，从而抓住这些业务领域的运行本质并发掘价值增值点，并据此选择适合企业自身发展状况的商业模式。已有研究表明[19,26-28]，从要素构成的角度出发来研究商业模式的选择问题是一个主要研究思路，并且价值链理论可作为企业商业模式选择问题研究的理论基础与依据[3-5,23-25]。但是，针对价值链视角下基于关键要素的商业模式选择问题，如何进行商业模式选择的关键要素识别、如何确定商业模式选择问题中关键要素选项、如何生成商业模式的备选方案并进行商业模式的优选，这需要有针对性地给出价值链视角下基于关键要素的商业模式选择方法，而关于这方面尚未见到系统性的研究，因此需要进一步深入研究。

本书重点关注的是价值链视角下基于关键要素的商业模式选择问题，如何针对该问题给出一般性的描述并给出相应的研究框架是首先需要特别关注的。价值链视角下基于关键要素的商业模式选择的研究框架应该包括哪些内容？依据该研究框架进行商业模式选择与已有研究成果的方法与思路有哪些相同与不同之处？针对价值链视角下基于关键要素的商业模式选择方法研究的关键是什么？上述问题对开展价值链视角下基于关键要素的商业模式选择方法的研究十分重要，有必要针对这些问题进行深入的研究。

针对上述问题的研究，可以形成后续价值链视角下基于关键要素的商业模式选择方法研究所遵循的基本理论和指导框架，也可以为价值链视角下基于关键要素的商业模式选择方法的研究奠定重要的理论基础。

1.2.2 价值链视角下商业模式选择的关键要素的识别

依据价值链理论，针对企业所在的行业背景不同，结合企业自身实际情况的差异，商业模式中的每个构成要素在企业价值增值的过程中所发挥的作用不尽相同。企业管理者及决策分析者在进行商业模式选择前，应对商业模式构成要素的重要性进行综合判断和分析，从而识别出那些在企业的价值创造活动中贡献最大的构成要素，并将其视为商业模式选择的关键要素。这就需要企业管理者以及决策分析者能够运用科学、有效的方法识别出哪些在企业价值增值过程中发挥重要作用的构成要素。因此，如何科学、有效地识别出价值链视角下商业模式选择的关键要素是一个值得关注的重要研究问题。

目前，关于商业模式选择关键要素识别问题的研究尚不多见，仅能看到一些相关研究[29-31]，例如，李红等（2012）[29]、刘林艳等（2014）[30]以及郭蕊等（2015）[31]都提到了在企业进行商业模式创新并选择适合的商业模式过程中，需要重点关注关键要素进而展开研究。但需要指出的是，已有的相关研究成果尚存在不足之处，例如，缺乏在价值链视角下来研究关键要素的识别问题[29-31]；此外，虽然学者们指出商业模式的构成要素是相互关联、相互影响的[26-28]，但已有的相关研究成果却尚未考虑商业模式构成要素之间的相互关联、相互影响的情形[29-31]。基于此，需要进一步开展价值链视角下商业模式选择关键要素识别问题的研究。

1.2.3 价值链视角下商业模式关键要素选项的确定

现实中，企业之间的内部环境和外部环境存在差异，企业在市场竞争中的战略选择亦有所差异，由于企业的战略选择与商业模式的选择相互依存，即企业商业模式的选择建立在企业的发展战略和竞争战略的基础之上[3-5,32]，所以企业商业模式的构成要素会有不同的表现形式[18,19,32,34]，即构成要素选项。例如："价值主张"可表现为企业所提供的标准化或者个性化的产品与服务；"目标客户"可以是政府、企业或者个体消费者等；"分销渠道"可以采用直接、间接或者线上线下（O2O）的方式；"核心能力"可以来自企业的技术能力、专利产品、品牌价值、成本优势和质量优势等；"收入模式"可以有多种模式或者单一模式，也可以是自觉性收入模式，即企业通过对盈利实践的总结，对收入模式进行精心调整和设计而成的，或者是自发性收入模式，即企业依然在探索收入模式，尚未形成清晰的路径；等等。由前文可知，在价值链视角下基于关键要素的商业模式选择问题会涉及商业模式关键要素的识别以及关键要素选项的确定问题，即企业管理者以及决策分析者在进行商业模式选择时需要对关键要素的不同选项进行选择和确定。因此，有必要深入研究商业模式关键要素选项的确定问题。

目前，关于商业模式关键要素选项确定问题的研究所见甚少，尚未形成具有代表性的研究成果。相关研究指出[35-37]，可以借鉴基于案例的推理方法（case - based reasoning，CBR）的学术思想来考虑商业模式关键要素选项的确定问题，已有的关于 CBR 的研究成果对本书针对商业模式关键要素选项确定的研究提供了丰富的理论与方法支撑[35-37]，即通过提取和分析历史案例中商业模式关键要素选项来指导目标案例备选商业模式关键要素选项的生成[38]。这里，为了便于提供决策支持，在确定有关商业模式案例的属性权重以后，企业管理者以及决策分析者需要首先进行商业模式相似历史案例的提取，进而基于关键要素提取备选商业模式的选项。然而，需要指出的是，现实中，由于客观环境的不确定性和企业管理者以及决策分析者对信息的获取和处理能力的有限性，常常会遇到描述商业模式的属性（值）信息是多种信息形式并存的情形，因此，对如何进行商业模式的历史案例与目标案例的表示、如何确定商业模式案例的属性权重、如何提取商业模式相似历史案例以及如何基于关键要素提取备选商业模式选项是值得关注的研究问题。

1.2.4　商业模式选择的关键要素选项的修正与补充

商业模式的相似历史案例的关键要素选项的确定，通常会受到其发生年代或者发生时刻的实际问题、实际条件以及实际情况的限制和影响，因此，将相似历史案例的关键要素选项直接用于解决当前目标案例中商业模式关键要素选项确定问题，难免会有一些不适应性[35-37]。为此，就需要企业管理者和决策分析者对其进行适当的修正和补充，为后续的基于关键要素选项组合的商业模式备选方案的生成与优选奠定基础。因此，如何将相似历史案例的商业模式中涉及的关键要素选项按照目标案例中商业模式的实际情况和实际要求进行修正和补充，是一个值得关注的研究问题，有必要进一步探索和深入研究。

目前，关于商业模式选择的关键要素选项的修正与补充的研究尚不多见，只能看到一些相关研究，已有研究指出，可以聘请相关领域的专家按照目标案例的客观要求和现有条件进行适用性分析，但究竟如何对商业模式关键要素选项的适用性进行判断[38]，基于何种原则和策略对其进行修正和补充，是一个值得关注的研究问题。

1.2.5　基于关键要素选项组合的商业模式备选方案的生成与优选

基于关键要素选项组合的商业模式备选方案的生成与优选是解决价值链视角下基于关键要素的商业模式选择问题的最终环节。在确定目标案例商业模式的关键要素选项后，可将关键要素选项进行自由组合，得到商业模式的备选方案集，商业模式的优选就是在若干商业模式的备选方案中选择最能为企业带来盈利和可持续竞争优势的商业模式。如何科学、合理地对商业模式关键要素选项进行组合，进而生成商业模式的备选方案，并对其进行优选是一个值得关注的研究问题。

目前，关于如何进行基于关键要素选项组合的商业模式备选方案的生成与优选的研究尚不多见，仅可以看到一些相关的研究成果[19,38]。这里需要指出的是，商业模式的关键要素可能存在若干个选项，企业管理者或决策分析者需要判断各关键要素选项间是否具有相容性，即两个关键要素选项所需资源或表现形式也许存在不兼容或者无法匹配的情况，如何确定关键要素选项间的相容性是一个需要关注的重要环节。另外，如何确定商业模式的备选方案，如何基于群体专家的评价进行商业模式的选择，这些都是重要的研究问题，需要进行进一步的探索和深入地研究。

1.3　研究目标与研究意义

本书旨在对价值链视角下基于关键要素的商业模式选择方法进行研究。在研究过程中遵循由浅入深、由易到难、循序渐进、由理论到实践的思路。本节将给出本书的研究目标与研究意义。

1.3.1　研究目标

针对上节提出的研究问题，确定本书研究的总体目标为：通过对现实中的商业模式选择问题的提炼和归纳，以及国内外相关研究成果的总结与分析，明确本书的研究方向，形成科学的、有价值的、系统的研究框架和具体的研究问题，进而展开研究并提出具体的、有针对性的价值链视角下基于关键要素的商业模式选择方法，同时尝试给出价值链视角下基于关键要素的商业模式选择问题的应用研究。关于价值链视角下基于关键要素的商业模式选择方法的具体研究目标说明如下：

（1）在理论研究层面，通过对现实中的商业模式选择问题的提炼和归纳，以及国内外相关研究成果的梳理、总结与分析，给出价值链视角下基于关键要素的商业模式选择方法的研究框架，为进一步深入探讨针对该框架下的研究问题以及实际应用奠定理论基础，并为价值链视角下基于关键要素的商业模式选择方法的系统性研究提供方向指导。

（2）在方法研究层面，依据价值链视角下基于关键要素的商业模式选择方法的研究框架，提出有针对性的商业模式选择方法。具体地，提出价值链视角下商业模式选择的关键要素识别方法、基于相似案例分析的商业模式关键要素选项确定方法、商业模式关键要素选项的修正与补充方法，以及基于关键要素选项组合的商业模式备选方案的生成与优选方法。

（3）在应用研究层面，围绕现实中的商业模式选择问题，以 KXF 公司为例，给出价值链视角下基于关键要素的 KXF 公司的商业模式选择的应用研究，验证提出的价值链视角下基于关键要素的商业模式选择方法的可行性、有效性和实用性。

1.3.2　研究意义

关于价值链视角下基于关键要素的商业模式选择方法的研究，是一个具有前沿性、实用性的重要研究课题。对于解决现实中广泛存在的企业商业模式选择问题，进一步完善商业模式选择的理论与方法，建立较为系统的商业模式选择的理论与方法体系是十分必要的，具有重要的理论与实际意义。具体研究意义体现在以下几个方面：

（1）对于解决价值链视角下基于关键要素的商业模式选择问题具有理论指导意义。已有的针对商业模式选择的研究成果缺乏从价值链视角来研究商业模式选择问题，并且尚未给出具有可操作性的商业模式选择问题的研究框架；同时，在商业模式选择中有关构成要素指标之间相互影响的研究比较匮乏。本书针对已有研究的薄弱之处，尝试从价值链视角来研究商业模式的选择问题，并针对商业模式选择问题给出具有可操作性的研究框架。对于解决价值链视角下基于关键要素的商业模式选择问题具有理论指导意义，可为商业模式选择的理论方法体系的形成与发展奠定基础。

（2）对于丰富和完善商业模式选择方法体系具有重要意义。关于商业模式选择方法的研究，已有的研究成果针对如何进行商业模式选择提供了有价值的思路和方法支撑，但具有代表性的研究成果尚不多见。本书针对已有研究的薄弱之处，吸收已有研究成果的优势之处，提出价值链视角下商业模式选择的关键要素识别方法、基于相似案例分析的商业模式关键要素选项确定方法、基于群体专家评价的商业模式关键要素选项的修正与补充方法，以及基于关键要素选项组合的商业模式备选方案的生成与优选方法等一系列解决价值链视角下基于关键要素的商业模式选择问题的决策分析方法，对于丰富和完善商业模式选择方法体系具有重要意义。

（3）对于解决现实中的企业商业模式选择问题具有实际应用价值。现实中存在大量的商业模式选择问题，如何采用可行、有效的方法去进行商业模式选择，是现实中的企业管理者以及决策分析者所需要关注的。针对价值链视角下基于关键要素的商业模式选择方法的研究，能够在实际应用或管理决策实践中解决企业管理者以及决策分析者面临的商业模式选择问题，提供坚实的、科学的理论方法支撑，也为解决现实中大量存在的企业商业模式选择问题提供具体的、可操作的方法，具有重要的实际应用价值。

1.4　研究内容、研究思路与研究方案

本节在对研究问题分析的基础上，依据研究目标，分别给出关于价值链视角下基于关键要素的商业模式选择方法的研究内容、研究思路与研究方案。

1.4.1　研究内容

依据 1.3 节中阐述的研究目标，确定关于价值链视角下基于关键要素的商业模式选择方法的研究内容，具体如下：

1. 价值链视角下商业模式选择的概念界定、理论基础及研究框架。

通过分析和梳理现有的关于商业模式选择的相关研究成果，以及在明确商业模式选择的相关概念和理论的基础上，给出价值链视角下基于关键要素的商业模式选择的问题描述，对价值链视角下基于关键要素的商业模式选择中所涉及的决策问题进行提炼和分类，并据此确定本书着重解决的问题为价值链视角下商业模式选择的关键要素识别方法、基于相似案例分析的商业模式关键要素选项的确定方法、基于群体专家评价的商业模式关键要素选项的修正与补充方法，以及基于关键要素选项组合的商业模式备选方案的生成与优选方法，并给出相应的研究框架以及其相关说明。

2. 价值链视角下商业模式选择的关键要素识别方法。

针对价值链视角下商业模式选择的关键要素识别问题，分别提出基于文献计量分析的商业模式构成要素的筛选方法、基于德尔菲法的商业模式构成要素的修正方法和基于 DEMATEL 方法的关键要素识别方法。具体地，通过对商业模式构成要素的相关文献分析，并综合考虑学者们在不同研究中给出的商业模式构成要素，采用文献计量方法对价值链视角下的商业模式构成要素进行筛选。在此基础上，考虑不同学者在不同研究中对商业模式构成要素提法和命名略有不同而含义却相似或相同的实际情况，采用德尔菲法对基于文献计量分析筛选出的价值链视角下的商业模式构成要素进行修正。进一步地，在考虑构成要素间的关联关系的情形下给出基于 DEMATEL 方法的商业模式关键要素识别方法。

3. 基于相似案例分析的商业模式关键要素选项确定方法。

针对基于相似案例分析的商业模式关键要素选项的确定问题，分别提出商业模式相似历史案例的提取方法和基于关键要素的商业模式选项的确定方法。具体地，依据CBR的基本思想，并考虑具有复杂特征的实际问题中可能涉及的符号型、数值型和语言型三种形式的信息，给出基于信息熵的客观权重计算方法以及基于群体评价信息的主观权重计算方法，进而给出一种综合主观因素和客观因素的属性权重的确定方法，在此基础上，给出商业模式案例属性相似度以及案例相似度的计算方法。进一步地，通过设置相似度阈值来提取商业模式的相似历史案例，并最终确定备选商业模式的关键要素选项。

4. 商业模式关键要素选项的修正与补充。

针对商业模式关键要素选项的修正与补充问题，分别提出关键要素选项的修正原则与修正策略和关键要素选项的补充原则与补充策略。具体地，首先给出商业模式关键要素选项的修正原则与修正策略，然后针对现实中具体的目标案例企业的实际情况，给出基于群体专家评价的商业模式关键要素选项重要性的确定方法，并据此对商业模式关键要素选项进行修正。在此基础上，给出商业模式关键要素选项的补充原则与补充策略，采用头脑风暴法对商业模式关键要素选项进行补充，最终确定商业模式关键要素选项。

5. 基于关键要素选项组合的商业模式备选方案的生成与优选。

针对基于关键要素选项组合的商业模式备选方案的生成与优选问题，分别提出基于关键要素选项组合的商业模式备选方案的生成方法和基于群体专家评价的商业模式选择方法。具体地，首先考虑现实中各关键要素选项间可能会出现不匹配、不相容的情况，给出基于群体专家评价的商业模式关键要素选项间相容性的确定方法。进一步地，给出基于关键要素选项间相容性评价的备选商业模式生成规则，并基于生成规则提出商业模式备选方案的生成方法，考虑各评价指标之间并非完全独立而是存在着关联关系，给出基于 DEMATEL 方法的商业模式评价指标权重确定方法。最后，考虑商业模式选择问题涉及多位专家和多个评价指标，将传统的 TOPSIS 算法扩展到群体多准则决策，进而给出基于扩展 TOPSIS 的商业模式选择的计算方法。

6. 价值链视角下基于关键要素的 KXF 公司的商业模式选择。

针对价值链视角基于关键要素的商业模式选择方法的应用研究，给出价值链视角下基于关键要素的 KXF 公司商业模式选择的案例分析。具体地，围绕 KXF 公司的商业模式选择问题，阐明该公司商业模式选择的实际背景和必要性，并给出 KXF 公司商业模式选择问题的描述；依据本书的理论与方法研究成果，针对 KXF 公司的实际情况确定其商业模式的关键要素及其选项。在对 KXF 公司商业模式关键要素选项进行修正与补充后，给出 KXF 公司商业模式备选方案的生成与优选，并对计算结果进行相关分析。

1.4.2　研究思路

在本书中，按照"明晰研究问题—提出研究框架—给出商业模式选择方法—开展应用研究"的总体研究思路，对价值链视角下基于关键要素的商业模式选择方法进行系统深入地研究，本书的研究思路如图 1.1 所示。

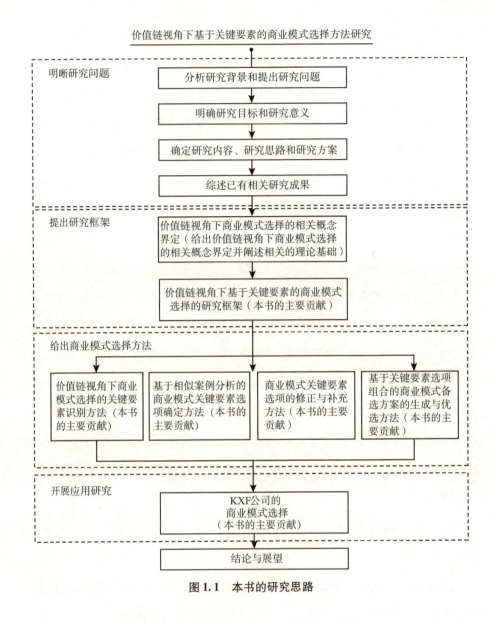

图 1.1　本书的研究思路

下面对图 1.1 所示的内容做详细地说明。

（1）针对现实中广泛存在的商业模式选择问题进行分析，结合近年来国内外学者在有关商业模式选择研究方面取得的相关研究成果，提炼出具有科学价值的价值链视角下基于关键要素的商业模式选择问题。

（2）针对价值链视角下基于关键要素的商业模式选择方法研究，结合研究背景和已有相关研究进展，明确研究目标及研究意义。

（3）针对研究目标，进一步确定具体的研究内容、研究思路以及研究方案。

（4）针对研究内容，进行相关研究成果的总结与梳理，对相关研究成果的贡献与不足之处加以总结，并进一步分析已有相关成果对本书研究问题的启示，从而为本书后续的研究工作奠定理论基础。

（5）在对相关研究成果进行综述的基础上，明确价值链视角下商业模式选择的关键要素的相关概念及理论基础，给出价值链视角下基于关键要素的商业模式选择问题的一般性描述，进而针对价值链视角下基于关键要素的商业模式选择问题给出具有针对性的研究框架，形成本书的基础理论框架。

（6）依据价值链视角下基于关键要素的商业模式选择问题的研究框架，分别展开针对价值链视角下商业模式选择的关键要素识别方法、基于相似案例分析的商业模式关键要素选项确定方法、商业模式关键要素选项的修正与补充方法以及基于关键要素选项组合的商业模式备选方案的生成与优选方法的研究，分别提出具有针对性的分析方法。

（7）针对 KXF 公司的商业模式选择问题，尝试展开价值链视角下基于关键要素的 KXF 公司商业模式选择的应用研究。

（8）总结本书的主要成果、结论和主要贡献，指出本书尚存在的局限，并对未来将要开展的研究工作进行展望。

1.4.3 研究方案

在本书展示的研究工作中，针对不同的研究内容将采用不同的研究方法，采用的研究方法主要包括：调查分析方法、文献分析方法、群体专家评价方法、文献计量方法、归纳逻辑方法、系统分析方法、多准则/属性决策方法、统计分析方法、基于案例的推理方法，等等，具体说明如下：

（1）针对价值链视角下基于关键要素的商业模式选择的研究框架，主要采用调查分析方法、文献分析方法、归纳逻辑方法和系统分析方法等。

（2）针对价值链视角下商业模式选择的关键要素识别方法研究，主要采用文献计量方法、德尔菲法、多准则/属性决策方法等。

（3）针对基于相似案例分析的商业模式关键要素选项确定方法研究，主要采用基于案例的推理方法、多准则/属性决策方法、统计分析方法、群体专家评价方法等。

（4）针对商业模式关键要素选项的修正与补充方法研究，主要采用统计分析方法、头脑风暴方法、德尔菲法等。

（5）针对基于关键要素选项组合的商业模式备选方案的生成与优选方法研究，主要采用群体专家评价方法、统计分析方法、多准则/属性决策方法等。

（6）针对价值链视角下基于关键要素的KXF公司的商业模式选择，主要采用多准则/属性决策方法、基于案例推理的方法、群体专家评价方法、统计分析方法等。

基于上述内容，给出本书的技术路线，如图1.2所示，该图具体描述了本书所关注的商业模式选择方法的研究思路、研究问题、具体研究内容以及相关理论与方法的支撑。

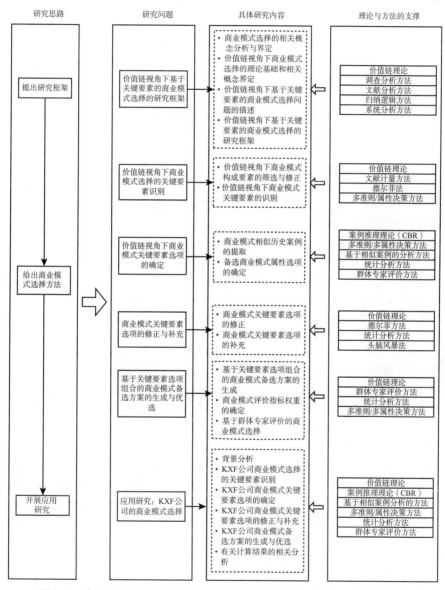

图 1.2　价值链视角下基于关键要素的商业模式选择方法研究的技术路线

1.5 本书章节安排

本书由 9 章构成，本节给出各章之间的逻辑关系如图 1.3 所示。

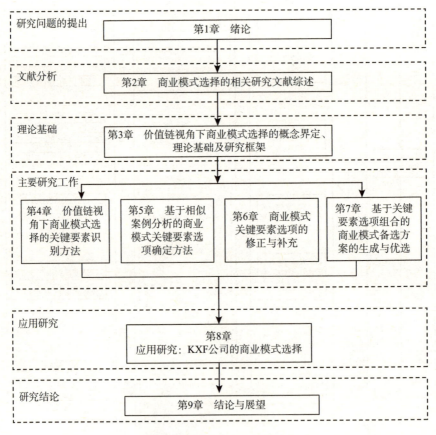

图 1.3　各章之间的逻辑关系

本书各章的具体内容阐述如下：

第 1 章，绪论。分别阐述本书的研究背景、问题提出、研究目标与研究意义，确定具体的研究内容、研究思路与研究方案，并给出本书的结构。

第 2 章，商业模式选择的相关研究文献综述。首先对文献检索情况进行分析；然后针对商业模式的概念、商业模式选择的影响因素、商业模式选择的含义及方法的相关文献进行综述；最后对已有文献的贡献与不足之处进行总结，进一步地，给出已有研究成果对本书研究的启示。

第 3 章，价值链视角下商业模式选择的概念界定、理论基础及研究框架。明确本书研究所涉及的相关概念及理论基础，并给出本书的研究框架，主要包括商业模式选择的相关概念界定和价值链视角下商业模式选择的关键要素的相关概念界定；在此基础上，给出价值链视角下基于关键要素的商业模式选择问题的描述，提出价值链视角下基于关键要素的商业模式选择框架。

第 4 章，价值链视角下商业模式选择的关键要素识别方法。针对价值链视角下商业模式构成要素的筛选与修正以及价值链视角下商业模式关键要素的识别问题，分别给出基于文献计量分析的商业模式构成要素筛选方法、基于德尔菲法的商业模式构成要素的修正方法和基于 DEMATEL 方法的关键要素识别方法。

第 5 章，基于相似案例分析的商业模式关键要素选项确定方法。针对商业模式关键要素选项的确定问题，给出商业模式案例属性相似度的计算方法和商业模式案例相似度的计算方法，通过设置相似度阈值提取出相似案例，并确定备选商业模式的关键要素选项。

第 6 章，商业模式关键要素选项的修正与补充。针对商业模式关键要素选项的修正与补充问题，提出关键要素选项的修正原则与修正策略以及关键要素选项的补充原则与补充策略，并据此确定商业模式的关键要素选项。

第 7 章，基于关键要素选项组合的商业模式备选方案的生成与优选。针对基于关键要素选项组合商业模式备选方案的生成与优选问题，分别给出基于关键要素选项组合的商业模式备选方案的生成方法和基于群体专家评价的商业模式选择方法。

第8章，应用研究：KXF公司的商业模式选择。针对KXF公司商业模式选择的现实背景，描述其现有商业模式存在的问题，明确商业模式选择的必要性，并依据本书提出的价值链视角下基于关键要素的商业模式选择方法进行应用研究，验证所提出的方法的可行性、有效性和实用性。

第9章，结论与展望。总结并阐述本书的主要成果及结论、主要贡献，分析本书研究工作的局限；最后，对进一步的研究工作做出展望说明。

1.6　本书创新性工作说明

关于价值链视角下基于关键要素的商业模式选择方法的探讨与研究，针对现有研究的薄弱之处，主要开展了以下几个方面的创新性工作。

（1）给出价值链视角下基于关键要素的商业模式选择的研究框架。具体地，给出价值链视角下商业模式选择的相关概念界定，以及在价值链视角下基于关键要素的商业模式选择问题的一般性描述；给出价值链视角下基于关键要素的商业模式选择的研究框架，以及研究框架的有关说明。

（2）提出价值链视角下商业模式选择的关键要素识别方法。具体地，分别给出基于文献计量分析的商业模式构成要素的筛选方法和基于德尔菲法的商业模式构成要素的修正方法；进一步地，通过专家针对构成要素的重要性评价与分析，给出基于DEMATEL方法的关键要素识别方法。

（3）提出基于相似案例分析的商业模式关键要素选项确定方法。具体地，分别给出商业模式案例属性相似度和商业模式案例相似度的计算方法，在此基础上，提取商业模式历史相似案例，并确定备选商业模式的关键要素选项。

（4）提出商业模式关键要素选项的修正与补充方法。具体地，分别给出商业模式关键要素选项修正原则与修正策略以及商业模式关键要素选项补充原则与补充策略。

（5）提出基于关键要素选项组合的商业模式备选方案的生成与优选。具体地，分别给出商业模式关键要素选项间相容性的确定方法、基于关键要素选项间相容性评价的备选商业模式生成规则、基于生成规则的商业模式备选方案的生成方法，以及基于扩展 TOPSIS 方法的商业模式选择的计算方法。

（6）开展价值链视角下基于关键要素的 KXF 公司商业模式选择方法的应用研究。具体地，围绕 KXF 公司的商业模式选择问题，阐明该公司商业模式选择问题的实际背景，给出 KXF 公司商业模式选择的问题描述；针对 KXF 公司的实际情况确定其商业模式关键要素及其选项，在对 KXF 公司商业模式关键要素选项进行修正与补充后，给出 KXF 公司商业模式备选方案的生成与优选，并对计算结果进行相关分析。

1.7　数学符号及用语的说明

由于本书使用的符号、变量和参数较多，因此，在全书的撰写过程中，对每章各节中不同研究问题用到的参数和变量均重新定义。同一章节的同一研究问题中，表示各参数和变量的数学符号具有一致的含义，不同研究问题之间的数学符号没有联系。

第 2 章
商业模式选择的相关研究文献综述

    价值链视角下基于关键要素的商业模式选择方法是一个具有大量现实背景的重要研究课题，其相关研究已经引起了国内外学者们的关注。目前，可以看到国内外许多学者从不同的视角对商业模式的概念界定、商业模式选择的影响因素、商业模式选择的含义及方法进行了相关研究，并取得了阶段性研究成果，这些研究成果是本书后续研究工作的重要基础。同时，已有的关于商业模式的相关概念界定、商业模式选择的影响因素、商业模式选择的含义及方法的相关研究中所涉及的理论与方法对于本书的研究亦具有很好的借鉴和参考价值。

    本章针对商业模式概念、商业模式选择影响因素和商业模式选择的含义及方法三个方面的研究，分别给出相关研究成果的文献综述。在文献检索时，以公开的国内外学术数据库为主要检索源。通过本章对价值链视角下基于关键要素的商业模式选择方法的相关研究文献的综述与分析，总结目前关于商业模式选择方法研究的主要贡献和不足之处，为本书后续章节研究工作的展开奠定基础。

2.1 文献检索情况概述

本节主要对价值链视角下基于关键要素的商业模式选择方法的相关研究文献检索情况进行简要的介绍和说明，主要包括文献检索范围分析、相关文献情况分析和学术研究趋势分析三个方面。

2.1.1 文献检索范围分析

为了明确文献的综述范围，这里首先对商业模式选择方法研究的发展历史和脉络进行分析，从而进一步地确定本书研究主题的范畴和所需的相关研究文献。自贝尔曼（Bellman）和克拉克（Clark）等[6]最早提出商业模式的概念以来，许多学者对其进行了广泛研究。从已有研究来看，早期的关于商业模式的研究大多集中在对商业模式概念界定[1,23,39-44]和对商业模式构成要素[5,23,44-47]的筛选和分析方面。近年来，关于商业模式的本质就是企业价值创造的逻辑（即价值链创新）的论断得到了越来越多学者的认可[20-25,38]，且从价值链视角对商业模式进行研究得到了一些学者的高度重视。学者们开始关注对商业模式选择与创新[9,10,13,16-19,24,25,29-31,33,48,49]等方面的研究，目前，关于商业模式选择的研究，已有文献大多是从商业模式的相关概念、商业模式选择的影响因素、商业模式选择的含义及方法几个方面展开研究的。鉴于此，有必要对已有的研究成果进行缜密分析，对商业模式选择中所涉及的决策分析问题进行进一步提炼和分类，并针对已有研究的薄弱之处，进一步深入研究价值链视角下基于关键要素的商业模式选择方法，并给出具有示范作用的应用研究。

综上所述，与本书关注研究问题相关的文献主要包括以下三个方面，一是关于商业模式的相关概念，包括商业模式的概念、商业模式的构成要素和商业模式的基本类型等；二是关于商业模式选择的影响因素，包括商业模式选择的外部环境因素和商业模式选择的企业内部因素等；三是关于商业模式选择含义及方法，包括商业模式选择的含义和商业模式选择的方法等。基于上述分析，下面给出文献检索情况的概述。

2.1.2　相关文献情况分析

本书检索商业模式选择方面研究的相关文献采用的检索方式是采用主题名或关键词检索进行检索，具体地，在对中文期刊数据库进行检索时，以"商业模式选择"（以及相近词语，如"商务模式选择""商业模式设计"等）、"价值链"为主题名或关键词进行检索；在对英文期刊进行检索时，以"business model selection""business model design""value chain"为主题名或关键词进行检索。本书以中国学术期刊网全文数据库（CNKI）、Elsevier Science（Sience Direct）全文数据库、IEL 全文数据库、Emerald 全文数据库、美国运筹与管理学会 Informs 平台（包括 12 种全文期刊）、Springer Link 全文数据库、Wiley InterScience 期刊数据库和 EBSCO 全文数据库作为检索源，进行了中英文文献检索。经检索，发现有许多国内外学者和学术团队从事该方面的研究，例如，蒂默尔斯（Timmers）、阿米特（Amit）和佐特（Zott）、奥斯特沃德（Osterwalder）和皮尼厄（Pigneur）、伊姆河（Im）等、魏江、翁君奕、徐迪、郭毅夫、高闯、关鑫、罗珉、魏炜、盛亚等，涉及的相关学术团队来自美国哈佛商学院、美国哥伦比亚大学、美国波士顿大学、美国亚特兰大佐治亚州立大学、温哥华哥伦比亚大学、瑞士洛桑大学以及中国的清华大学、东北大学、辽宁大学等。涉及的国外重要期刊主要有：《管理科学》（*Management Science*）、《制造与服务运作管理》（*Manufacturing & Service Operations Management*）、《运筹学》（*Operations Research*）、《专家系统与应用》（*Expert Systems with Applications*）、《应用软计算》（*Applied Soft Computing*）、《电子市场》（*Electronic Market*）等，涉及的国内重要期刊主要有：《管理学报》《管理科学》《管理科学学报》《中国管理科学》《软科学》《科研管理》《技术经济》等。截至 2017 年 6 月，中国学术期刊网全文数据库（CNKI）、Elsevier Science（Sience Direct）全文数据库、IEL 全文数据库、Emerald 全文数据库、Informs 期刊数据库、Springer Link 全文数据库、Wiley InterScience 期刊数据库和 EBSCO 全文数据库中检索到 3276 篇英文文献，中国学术期刊网全文数据库（CNKI）中检索到 742 篇中文文献。因为在一些文献中，商业模式选择并不是文章的研究主题，所以，通过过滤与筛选，获取与商业模式选择研究主题有关的英文文献和中文文献分别有 247 篇和 52 篇。文献的检索源、检索词、检索条件、篇数、相关文献篇数和时间区间具体如表 2.1 所示。

表 2.1　　　　　　　　　　相关文献的检索情况

检索源	检索词	检索条件	篇数	相关文献篇数	时间
CNKI 全文数据库	商业模式选择（商务模式选择）/商业模式设计/价值链	篇名/主题/关键词	742	52	1997～2017 年
Elsevier Science 全文数据库	business model selection /business model design /value chain	Title/Keywords /Abstract	536	55	1997～2017 年

续表

检索源	检索词	检索条件	篇数	相关文献篇数	时间
IEL 全文数据库	business model selection /business model design /value chain	Abstract	108	7	1997~2017 年
Emerald 全文数据库	business model selection /business model design /value chain	Keywords	654	98	1997~2017 年
Informs 期刊数据库	business model selection /business model design /value chain	Title/Abstract	19	5	1997~2017 年
Springer Link 全文数据库	business model selection /business model design /value chain	Title	1350	58	1997~2017 年
Wiley InterScience 期刊数据库	business model selection /business model design /value chain	Title/Abstract	184	16	1997~2017 年
EBSCO 全文数据库	business model selection /business model design /value chain	Title	425	8	1997~2017 年
合计			4018	299	

通过对这些文献进行进一步浏览和分类，并根据研究需要，本章将针对关于商业模式的相关概念、关于商业模式选择的影响因素以及关于商业模式选择的含义及方法等三个方面的研究进行文献的简要综述。

2.1.3 学术研究趋势分析

为了确定价值链视角下基于关键要素的商业模式选择方法相关研究的研

究趋势，笔者对国际期刊论文进行了检索，即利用 ISI Web of Knowledge 平台下的 Web of Science 数据库，分别以"business model"、"business model selection"和"value chain"作为检索的本体词源进行了引文报告的创建和分析。

通过分析发现，从 1997 年到 2017 年 6 月，关于"商业模式"、"商业模式选择"和"价值链"三个主题的研究，每年出版的文献数量以及每年的引文数量都呈现出上升趋势，这说明了学术界关于这三个主题的研究均具有良好的国际关注度，且目前很多学者仍在开展相应的研究。

笔者还以 CNKI 知识搜索中的"学术趋势"为分析工具，分别以"商业模式"、"商业模式选择"和"价值链"为检索的本体词源进行了学术趋势分析。通过分析发现：从 1997 年至 2017 年 6 月，关于"商业模式"、"商业模式选择"和"价值链"的学术关注度，总体上均呈现出较大幅度的上升趋势，这说明了学术界关于这三个方面的研究具有良好的国内关注度，且目前仍有很多学者在开展相应的研究。与此同时，关于这三个方面研究的用户关注度，总体上虽有不同程度的波动，但是总体上仍呈现出逐步上升的趋势，这说明了近年来关于这三个方面的研究受到国内学者们的广泛关注。

综上所述，研究趋势说明价值链视角下基于关键要素的商业模式选择方法的研究是一个日趋受到关注的热点问题，有着较为广泛的学术关注度和用户关注度，进而说明了本书所关注研究问题的价值和意义。

2.2　关于商业模式的相关概念

"商业模式"一词最早出现在 1957 年贝尔曼（Bellman）和克拉克（Clark）等[6]的文章中，而学术界将商业模式作为研究主题起源于 1960 年琼斯（Jones）[7]的文章。早期有关商业模式的研究主要是一些学者对商业模式概念、含义及其构成要素进行研究，并且已取得了一些重要的研究成果。本节将针对商业模式的概念、商业模式构成要素和商业模式的基本类型三个方面的相关研究成果进行文献综述。

2.2.1　商业模式的概念

商业模式是指一个完整的产品、服务和信息流体系，包括每一个参与者和它们在其中起到的作用，以及每一个参与者的潜在利益和相应的收益来源和方式[1]。自贝尔曼（Bellman）和克拉克（Clark）等[6]于1957年提出商业模式的概念以来，许多学者对其进行了广泛研究，学者们从不同视角给出了关于商业模式的概念及相关定义，主要有如下几个方面：

（1）经济视角下关于商业模式的定义。学者们尝试从经济收益的角度来理解商业模式的内涵，他们认为商业模式是对企业收入模式的具体描述，其本质内涵是企业获取利润的逻辑。例如，斯图尔特（Stewart）等[39]指出商业模式是企业获得并保持收益流的逻辑结构。马哈德文（Mahadevan）[2]把商业模式定义为企业价值流、收益流和物流的组合。阿法亚（Afuah）等[50]认为商业模式是企业为顾客创造比竞争对手更多的价值，并以此赚取利润的方法。惠津（Huizingh）[51]指出商业模式是企业构造成本和收入流的方式，并强调成本和收入流决定着企业的生存与发展。

（2）企业运营视角下关于商业模式的定义。学者们认为商业模式是描述企业内部流程和基本构造的一种组织结构。任何一个企业都有其特定的业务流程，即在创造和传递价值过程中的各种业务流程及组织设计，以及企业对其他商业活动参与者关系的管理。例如，蒂默尔斯（Timmers）[1]提出商业模式是产品、服务和信息构成的有机系统，他将商业模式视为一个产品、服务和信息流的框架。阿米特（Amit）和佐特（Zott）[21]认为商业模式是对公司、供应商和客户之间交易运作方式的描述。玛格丽塔（Magretta）[4]从企业运营视角出发，将商业模式视为用以说明企业如何运营的概念。高金余等[22]认为商业模式是使企业获得利润的运作方式，也是企业进行价值创造的内在机制。李林等[52]认为商业模式就是企业的运营模式和盈利模式，即是对企业将生产要素转化为收益的过程的概括。

（3）企业战略视角下关于商业模式的定义。学者们认为商业模式是对不同企业战略方向的总体考察。例如，明茨伯格（Mintzberg）[53]将企业的商业模式视为"战略思想"。切斯布洛（Chesbrough）[3]指出商业模式应从战略角度出发，向目标客户提供价值主张。迪博松（Dubosson）等[43]把商业模式定义为企业及其合作伙伴为获得可持续的收益流，进而采取的相应战略的描述。罗珉等[54]提出商业模式是一个组织在明确外部假设条件、内部资源和能力的前提下，用于整合组织本身、顾客、供应链伙伴、员工、股东或利益相关者获取超额利润的一种战略创新意图。多兹（Doz）与科索宁（Kosonen）[44]提出商业模式是一个有关如何设定企业边界、创造价值、组织内部结构和管理的理论。

（4）整合视角下关于商业模式的定义。学者们认为商业模式是对企业如何实现良好运行的本质描述，并从系统的视角重新定义了商业模式，商业模式是对企业经济模式、运营结构和战略方向的整合和提升。例如，莫里斯（Morris）等[23]认为商业模式是一种简单的陈述，旨在说明企业如何对战略方向、运营结构和经济逻辑等方面一系列具有内部关联性的变量进行定位和整合，以便在特定的市场上建立竞争优势。徐迪[27]将企业商业模式视为典型的复杂系统，商业模式构成要素之间相互影响和相互作用，不同的商业模式构成要素间的组合及其作用关系，使企业商业模式具有了独特性和复杂性，不同的商业模式基于不同的内在机制，通过提供价值增值的产品或服务来获取利润。

综上所述，经济视角下关于商业模式的定义，强调了企业利润和价值创造的过程；企业运营视角下关于商业模式的定义，关注了企业如何合理、有效地进行资源配置从而获取利润；企业战略视角下关于商业模式的定义，认为商业模式就是企业战略的制定；整合视角下关于商业模式的定义，从系统的视角界定了商业模式的各构成要素及其相互关系。不难看出，关于商业模式概念的四种视角的观点各有侧重，形成了相互补充的关系。

近年来，在整合视角下商业模式概念的基础上，越来越多的国内外学者开始以价值链为视角对商业模式进行定义。学者们认为商业模式描述了企业价值增值的过程，商业模式可以视为企业创造价值并获取收益的路径与方式。例如，彼得罗维奇（Petrovic）等[55]认为商业模式不仅描述了一个涉及所有商业活动主体、流程和关系的复杂社会体系，而且还包括隐含在实际业务流程背后的商业系统创造价值的逻辑。玛格丽塔（Magretta）[4]将商业模式界定为企业创造价值的运行方式和手段。拉帕（Rappa）[56]认为商业模式就是通过明确企业在价值链中的地位，来说明企业的价值增值的过程和方式。翁君奕[57]认为价值主张、价值支撑和价值保持构成了商业模式的价值分析体系。谢弗（Shafer）等[58]提出商业模式不仅是将组织的战略机遇转化为价值的逻辑设计，而且包括能维持价值获得的组织结构设计。原磊[59]认为商业模式是企业价值创造的逻辑。高金余等[22]认为商业模式是企业进行价值创造的内在机制。特克斯（Teece）[32]把商业模式描述为企业的价值创造、传递或获取机制的架构，企业把价值传递给顾客并把顾客的支付转化为利润的方式。龚丽敏等[60]的研究发现商业模式通过构造价值链和外部网络来实现价值创造和价值获取。张敬伟等[61]指出商业模式为解决企业如何创造与获取价值提供了全新的视角。阿米特（Amit）和佐特（Zott）[62]从价值创造角的视角给出了适用于虚拟市场和传统交易的商业模式定义，即商业模式描述了通过挖掘商业机会创造价值时的交易内容、交易结构和交易治理方式等。

综上所述，虽然国内外学者们对商业模式的概念界定、内涵解释尚未统一，但学者们普遍认同商业模式描述了企业的商业逻辑，是企业创造价值、传递价值和获取价值的系统性结构。由此可见，商业模式是在为客户创造价值和为企业获取价值等目标的指引下，通过定义目标市场、客户价值、收入模式以及价值链组成要素而形成的一种创造、传递和获取价值的结构体系。

2.2.2　商业模式的构成要素

商业模式是学者们描述企业在生产和运营过程中价值创造的抽象化的理性认识，学者们曾经尝试用不同的方式来表达商业模式，他们先后采用概念化、要素化和模型化等不同的表达方式来描述商业模式[63]。目前，虽然学术界对于商业模式的定义尚未形成统一的观点，但学者们普遍认为商业模式是由若干相互关联、相互作用的要素所构成的整体，这些要素之间具有相互关联的关系[26-28]。关于商业模式构成要素的研究，学者们对于商业模式构成要素的认知是基于商业模式概念的认识衍生而来，由于每个学者的研究背景、动机、目的和视角都不尽相同，学者们对于商业模式构成要素的组成也存在着一定的分歧。有关商业模式构成要素研究的总结和归纳如表2.2 所示。

表 2. 2 商业模式构成要素研究概述

主要学者	商业模式构成要素
Horowitz（1996）[64]	产品、分销、技术
Viscio 等（1996）[65]	企业定位、业务单位、服务
Timmers（1998）[1]	产品、参与主体利益、收入来源
Markides（1999）[45]	产品、顾客关系、基础设施管理
Donath（1999）[46]	顾客关系、市场、公司管理、内部信息化
Alt 等（2001）[66]	结构、收入、技术
Hamel（2000）[67]	核心战略、战略资源、价值网、顾客界面
Applegate（2000）[68]	概念（市场机会、产品和服务、战略定位、收入）、能力（企业核心能力、运营模式、营销模式、组织与文化、资源）、价值（客户价值、财务绩效、利益相关者回报）
Linder 等（2000）[69]	收入模式、渠道、商业流程、组织形式、价值主张
Gordijn（2000）[70]	价值链合作伙伴、市场细分、价值提供、价值活动、利益相关者网络、价值界面、价值交换、价值点
Afuah 等（2001）[50]	顾客价值、范围、价格、收入、相关行为、实施能力、持续力
Petrovic 等（2001）[55]	价值模式、资源模式、生产模式、顾客关系模式、收入模式、资产模式、市场模式
Weill 等（2001）[71]	战略目标、价值主张、收入模式、渠道、核心能力、目标顾客、IT技术设施
Dubosson（2002）[43]	产品、顾客关系、价值网络、财务
Chesbrough 等（2002）[3]	价值主张、目标市场、内部价值链结构、成本结构和利润模式、价值网络
Rayport 等（2002）[72]	价值流、资源、财务模式、市场空间提供物
Betz（2002）[73]	资源、销售、利润、资产
Forzi 等（2002）[74]	产品设计、收入模式、产出模式、市场模式、财务模式、网络和信息模式
Morris 等（2005）[23]	目标市场、内部能力、竞争战略、资源
翁君奕（2004）[57]	价值对象、价值内容、价值提交

续表

主要学者	商业模式构成要素
Osterwalder 等（2005）[5]	价值主张、目标顾客、分销渠道、价值结构、核心能力、关键伙伴、成本结构、收入模式
Shafer 等（2005）[58]	价值主张、价值体系、价值创造、收入模式
原磊（2007）[59]	收入模式、目标客户、价值内容、网络形态、业务定位、伙伴关系、隔绝机制、成本管理
Johnson（2008）[75]	价值主张、收入模式、关键资源、关键流程
罗珉（2009）[54]	价值主张、核心战略、资源配置、组织设计、价值网络、产品与服务设计、经营收入机制、盈利潜力
陈亚民等（2009）[76]	价值主张、消费者目标群体、分销渠道与合作伙伴网络、价值配置、核心能力、成本结构、盈利模式、管理构架
魏炜和朱武祥（2010）[77]	市场定位、业务系统、核心资源能力、盈利模式、现金流结构、企业价值
Teece（2010）[32]	价值主张、收入模式、顾客细分、产品效益、价值传递
Yuns（2010）[78]	价值主张、收入模式、利益相关者利益、价值链结构、外部价值链
王鑫鑫（2010）[79]	目标客户、价值主张、产品与服务、资源配置、能力、渠道、合作伙伴、收入模式
Zott 和 Amit（2011）[62]	顾客界面、关键伙伴、供应商、产品市场
方志远（2012）[80]	战略模式、市场模式、价值主张、营销模式、管理模式、资源模式、收入模式、成本结构、资本运作模式
胡保亮（2012）[81]	成本结构、收入机制、价值主张、目标市场、竞争战略、价值配置、价值网络、创业团队、资本结构、核心能力
Boons（2013）[82]	价值主张、财务模式、顾客界面、供应链
Baden – Fuller（2013）[83]	价值主张、价值获取、价值传递、价值配置、顾客契约
Bocken（2014）[84]	价值主张、价值创造和传递、价值获取
Taran（2016）[85]	价值主张、价值网络、价值获取、价值配置、价值细分
郭守亭（2016）[86]	价值主张、关键业务、营销模式、价值网络、目标市场定位、资源和能力、盈利模式、成本管理
林巍等（2016）[87]	价值主张、目标定位、接触渠道、客户关系、盈利模式、合作伙伴、资源整合能力

依据表2.2所示，越来越多的国内外学者开始从价值链的视角来考虑商业模式的构成要素，大多数学者给出的商业模式构成要素中都表达了价值创造的逻辑设计和价值获取的组织结构[75-78,82-86]，例如：价值主张[3,5,32,58,69,75,76,78-87]、收入模式[5,32,55,58,59,69,71,74,75,78-80]、成本结构[3,5,59,76,80,81,86]、目标客户[3,32,59,62,67,82]、关键伙伴[5,51,62,70,76,80,87]、核心能力[5,23,67,68,71,76,77,79,81,86]、价值链结构[3,32,78,83-85]、关键业务[5,59,69,75,77,86]、关键资源[23,55,73,70,79,80,86]、目标市场[3,23,70,71,86,87]等要素被不同的学者多次重复提到。由此可见，学者们对商业模式与顾客价值和企业价值之间关系的认同基本达成一致。

2.2.3　商业模式的基本类型

早期的关于商业模式基本类型的研究，起源于网络化背景下学者们对电子商业模式分类体系的探索，学者们在各自提出的商业模式概念的基础上，开始尝试对商业模式的分类体系和基本类型进行研究。

蒂默尔斯（Timmers）[1]针对电子商业模式基本分类问题研究，采用系统分析法，以价值链的分解和重构为基础，提出了一种基于价值链的电子商业模式分类体系，其中包括11种电子商业模式的基本类型：价值链整合商、第三方市场、协作平台、虚拟社区、电子商城、价值链服务供应商、电子采购、电子拍卖、电子商店、信用中介、信息中介，其研究结论对于互联网环境下的电子商业模式的分类具有指导意义。

保罗（Paul）[88]针对新经济形势下出现的商业模式与已有的传统商业模式的比较研究，采用案例分析法，提出了一种基于形成路径的商业模式分类体系，他将互联网环境下的商业模式分为两大类：一是移植于现实世界的商业模式，即移植模式，例如：商业平台的网站购物、网上免费试用商品的发放、电子邮件中的直销和营销、网络礼品的派送等。二是一些网络非实体公司（虚拟公司）在互联网的普及以后，应运而生的商业模式，即禀赋模式，例如：O2O 模式、服务器托管、软件公司的免费模式、数字商品的互联网直接配送等，其研究结论对于新经济形势下出现的新型商业模式的识别、归纳与总结有一定的指导意义。

塔普斯科特（Tapscott）等[89]针对商业模式的分类问题研究，根据经济控制和价值集成程度的不同，采用演绎推理的方法，提出了以网络和价值为中心的商业模式分类方法，将商业模式的类型分为集市、集结、价值链、联盟和分销网络，其研究结论为后续的商业模式分类研究提供了新的思路。

林德（Linder）等[47]针对商业模式变革管理问题研究，不再局限于电子商务的背景，采用案例分析的方法，基于战略视角并以现实中的 40 个一般企业为例指出商业模式可以分为 4 种类型：挖掘型商业模式、调整型商业模式、扩展型商业模式和全新型商业模式，其研究结论对于商业模式分类的研究给出了新的启示。

韦尔（Weill）等[71]针对商业模式的分类问题研究，基于要素构成的视角，采用案例归纳方法提出一种基于原子商业模式的商业模式分类体系。他们总结出 8 种互联网的原子商业模式（即内容提供商、自建网站直销、全面服务提供商、中间商、基础设施共享平台、价值网整合商、虚拟社区、单点接入），这些原子商业模式的不同组合方式就构成了不同的企业商业模式，他们指出任何复杂的商业模式都可以被分解为几个原子商业模式的结合，其研究结论为商业模式分类方法的研究提供了一种全新的思路。

杜波森－托尔贝（Dubosson－Torbay）等[43]针对商业模式的分类问题研究，采用演绎推理的方法，提出了一种基于多重分类标准的商业模式分类体系。他们认为大多商业模式分类体系都是二维的，从某一个侧面对商业模式进行分类，而这是不完整的，无法反映商业模式的全貌。因此，他们在总结蒂默尔斯（Timmers）[1]、塔普斯科特（Tapscott）等[89]分类方法的基础上，提出了一种基于12种指标的多维分类体系，其研究结论具有较强的逻辑性，为商业模式分类研究的进一步发展提供了很好的借鉴。

里希纳穆尔蒂（Krishnamurthy）[90]针对电子商务系统研究，采用文献归纳方法和系统分析方法，基于角色和利润对商业模式进行分类。他将商业模式分为两类：一类是实体加网店的商业模式，另一类是网络型企业商业模式，其中网络型企业商业模式又进一步分为B2C商业模式、B2B商业模式、C2C商业模式和C2B商业模式，其研究结论对于商业模式的分类研究具有指导作用。

黄培等[91]针对商业模式的理论研究，采用系统分析方法，基于运营视角概括出3种基本的商业模式类型：分销型商业模式、生产型商业模式和服务型商业模式，其研究结论开拓了商业模式分类研究的新思路。

拉帕（Rappa）[56]针对互联网上的商业模式进行研究，采用案例归纳的方法，根据商业模式的价值取向和产生收入的方式将其分为9种类型：经纪模式、广告模式、信息媒介模式、销售商模式、制造商模式、合作模式、社区模式、订阅模式、效用模式，其研究结论实用性较强，是目前国外引用率最高的商业模式分类体系之一。

高闯和关鑫[24]针对商业模式创新的研究，采用演绎推理的方法，通过对价值链创新理论的研究，建立了一套基于价值链创新的企业商业模式分类方法。他们按照商业模式的形成方式将其分为价值链延展型企业商业模式、价值链分拆型企业商业模式、价值创新型企业商业模式、价值链延展与分拆相结合的企业商业模式和混合创新型企业商业模式，其研究结论为商业模式的分类提供了新的视角和思路。

郑石明[92]针对商业模式的变革管理问题研究，在探讨商业模式的变革时列举了不同产业的商业模式，并从价值链视角对其进行了分类：基于成本控制的商业模式、基于目标市场的商业模式、基于渠道优势的商业模式、基于产品服务的商业模式、基于技术领先的商业模式和基于产业互动联合的商业模式，其研究结论对于商业模式的分类研究具有指导作用。

原磊[59]针对商业模式体系重构问题研究，采用系统分析方法，根据企业的规模，将一般企业的商业模式分为大型商业模式、中型商业模式和小型商业模式，其研究结论为商业模式的分类研究提供了新的思路。

曾楚宏、朱仁宏和李孔岳[93]针对价值链视角下的商业分类问题研究，采用系统分析的方法，从商业模式的本质出发，将商业模式分为聚焦型商业模式、一体化型商业模式、协调型商业模式和核心型商业模式，其研究结论对于商业模式的分类研究具有指导作用。

张婷婷和原磊[94]针对商业模式的分类问题研究，采用演绎归纳的方法，提出了一种包括三种分类思路的商业模式分类框架，即基于内在构成要素、基于外在环境和基于内外混合因素的多维度商业模式分类方法。他们首先提出了基于内在构成要素的"3—4—8"商业模式分类体系。即3个联系界面（顾客价值、伙伴价值、企业价值），4个构成单元（价值主张、价值网络、价值维护、价值实现）和8个构成要素（目标顾客、价值内容、网络形态、业务定位、伙伴关系、隔绝机制、收入模式、成本管理）。然后，他们指出研究者可以根据需要采取不同维度，并自由设定分类标准，对商业模式进行分类，并据此绘制出蛛网图，用坐标轴代表八种分类维度并得到基于内在要素的商业模式蛛网模型，每一种形态都代表一种商业模式类别。进一步地，张婷婷和原磊[94]又提出了基于外在环境因素的商业模式分类，他们指出商业模式必须要依托一定的外部环境才能存在，这些外部环境包括宏观环境、行业环境、企业环境、顾客环境，不同外部环境下商业模式往往体现着不同的特点，外部环境同样可以做商业模式分类标准，研究者可以根据研究需要自由设定标准，可以得到基于外在环境因素的商业模式分类和蛛网模型，每一种蛛网形态代表一种商业模式。最后，张婷婷和原磊[94]提出了基于内外混合因素的商业模式分类，他们指出基于内在因素和外在环境因素的商业模式分类不是冲突的而是互补的，研究者可以同时选择某些内在因素和外在因素组成坐标轴，通过坐标轴不同取值，获得每种商业模式蛛网的具体形态。上述研究结论为商业模式的分类研究提供的新的思路和借鉴。

奥斯特沃德（Osterwalder）和皮尼厄（Pigneur）[95]针对商业模式的系统研究中，采用案例分析的方法阐述了 4 类商业模式，即：长尾式商业模式、多边平台式商业模式、免费式商业模式和非绑定式商业模式，其研究结论对商业模式的分类研究具有指导意义。

吴晓波等[96]针对价值网络视角下的商业模式分类研究，以现代服务业为例，结合奥斯特沃德（Osterwalder）和皮尼厄（Pigneur）[95]的研究成果，采用案例分析方法，将商业模式进一步分为如下 6 类：长尾式商业模式、多边平台式商业模式、免费式商业模式和非绑定式商业模式、二次创新式商业模式和系统化商业模式，其研究结论进一步拓宽了商业模式分类的思路。

胡保亮[97]针对物联网商业模式的系统研究，将物联网商业模式划分为封闭型、开放型、自适应型 3 种类型，其研究结论对物联网商业模式的结构与类型有了进一步认识，为物联网商业模式的构建奠定基础。

综上所述，关于商业模式基本类型的研究与发展，由早期的互联网环境下的商业模式分类研究开始，从不同的视角对商业模式进行分类，也有一些学者提出关于商业模式基本类型的研究不应按照预设的分类标准进行逻辑推理来确定商业模式的类型，有必要针对特定的行业，采用案例分析的方法对商业模式进行具有行业针对性的分类研究。虽然，商业模式的分类标准由简入深的发展，但是，目前尚未建立一个全面、清晰、适用于所有行业并具有可操作性的分类方式。从已有研究来看，商业模式的分类方式可以归纳为两种：一种是通过若干内部和外部因素和标准构建出的逻辑推理[43,59,88,89,93,94]，学者们在界定商业模式的维度和构成要素的基础上，对各维度和构成要素进行组合，然后形成不同的商业模式类型；另一种是通过针对某一行业的案例分析而归纳出一些经典的商业模式[40,50,88,98,99]。这里需要指出的是，关于商业模式分类的研究，不存在永久的、适用于所有行业的分类标准，随着内部和外部环境的变化，商业模式也需要不断完善和调整，需要变革和重新选择[98,99]。

2.3 关于商业模式选择的影响因素

由于商业模式的概念、构成要素及分类等方面的研究尚未形成统一的研究成果，所以学者们从不同的研究视角进行商业模式选择方面的理论探索。针对商业模式选择方面的研究，其起源于对商业模式选择的影响因素的探讨和研究，已经受到了国内外学者们的广泛关注，并取得了一定的研究成果。本节将针对商业模式选择的影响因素的相关研究成果，从外部环境因素和企业内部因素两个方面来进行文献综述。

2.3.1 商业模式选择的外部环境因素

关于商业模式选择的外部环境因素，学术界多位学者展开了研究。

维西奥（Viscio）和帕特纳克（Paternack）[65]针对商业模式转型问题研究，采用系统分析方法指出了外部环境的变化是商业模式重新选择的主要驱动力和主要因素，其研究结论突出了外部环境因素对企业商业模式选择的重要性。

蒂默尔斯（Timmers）[1]、阿米特（Amit）和佐特（Zott）[21]等学者早期针对商业模式的研究认为，以互联网技术为代表的新技术成为推动商业模式创新和重新选择的主要驱动力。随后，费伯（Faber）[100]、科达马（Kodama）[101]、约凡（Yovanof）和哈扎皮斯（Hazapis）[102]等学者在针对电子商业模式的研究中也表明，在更广泛的 IT 和 ICT 领域，产业模块化和产业融合等技术变化推动了相关企业的商业模式重构和创新。上述研究结论体现了互联网技术为代表的新技术在商业模式创新和选择中的作用。

马哈德文（Mahadevan）[2]在针对基于互联网的电子商业模式的研究中指出了行业内现有的竞争程度、目标顾客的需求变化、新技术的产生和运用对商业模式的选择会产生影响，其研究结论对于商业模式选择的外部环境影响因素研究有指导意义。

曾涛[103]在针对商业模式本质的研究中认为外部环境因素，如目标顾客的选择、行业技术环境因素等影响着企业商业模式的选择，其研究结论进一步论证了蒂默尔斯（Timmers）[1]、费伯（Faber）[100]、科达马（Kodama）[101]、马哈德文（Mahadevan）[2]等人的研究结论。

克什特里（Kshetri）[104]和休斯（Hughes）等[105]在针对商业模式竞争力的研究中指出了商业模式的选择会受到法律因素、政治因素和文化因素等外部因素的约束，其研究结论从宏观环境的角度进行分析，对于商业模式选择的外部环境分析有指导意义。

高金余等[22]在研究互联网环境下的企业商业模式的概念界定时指出了影

响商业模式选择的外部环境因素有社会环境、法律环境、产业环境、竞争环境、客户需求、技术发展、电子商务机遇与挑战，等等。其研究结论从宏观环境和具体行业环境入手，对于商业模式选择的外部影响因素分析提供了较好的思路。

郭毅夫[106]在针对商业模式的转型研究中通过实证研究，将影响商业模式转型或重新选择的外部环境因素归结为资本市场、行业创业文化、消费者需求的转变以及技术（其中包括信息技术、能源技术以及与企业产品技术直接相关的专业技术）等因素，其研究结论对于企业管理者以及决策分析者在实践中进行商业模式选择具有指导作用。

李林等[52]在针对商业模式的本质进行研究中指出了商业模式的选择是战略性决策，必须与特定的时代背景、产业技术特征、消费者偏好，国家政策相互匹配，其研究结论对于商业模式选择的研究具有指导意义。

雷晓健[107]在对 B2C 电子商务企业商业模式选择展开研究时指出：影响商业模式选择的外部环境因素主要有市场需求、竞争状况、政策法律、经济因素、社会文化等因素，其研究结论为商业模式选择的研究奠定了基础。

侯赟慧等[33]在进行网络平台商务生态系统商业模式选择策略的研究中指出了企业在进行商业模式选择的时候，需要考虑的外部环境因素包括考虑企业之间的竞争程度、行业内已有的商业模式、行业结构和市场格局、技术的可获取性、竞争中的位置和潜在的市场等，其研究结论为商业模式选择研究提供了新的思路。

2.3.2 商业模式选择的企业内部因素

关于商业模式选择的企业内部因素，学术界多位学者展开了研究。

哈默尔（Hamel）[108]针对商业模式的变革管理研究，指出了商业模式的选择取决于企业的核心能力和企业的战略性资产，其中包括品牌、专利权、基础设施、目标顾客资料等，其研究结论体现了企业内部因素对商业模式选择的重要作用。

林德（Linder）等[47]针对商业模式的竞争力进行了实证研究，在针对70名企业高管的访谈和对二手资料的整理分析表明，企业高级管理者是推动企业商业模式进行重新选择的主要驱动力，其研究结论说明了企业管理者在商业模式选择中的推动作用。

曾涛[103]针对商业模式本质的研究中指出企业规模、组织文化、组织学习能力都影响着企业商业模式的选择，其研究结论对于商业模式选择具有指导意义。

克什特里（Kshetri）[104]和休斯（Hughes）等[105]针对电子商务的研究中都指出了企业进行商业模式的选择应对企业内部自身能力和资源进行分析，因为商业模式的选择会受到企业自身技术水平、经济实力和管理者认知等企业内部因素的影响，企业应以其特有的资源和能力为依据选择商业模式，以突出企业能力优势，发挥企业特长。其研究结论为企业商业模式选择研究提供了新的思路，也为企业管理者以及决策分析者提供指导和借鉴。

梁（Liang）和詹姆斯（James）在针对低成本商业模式创新的研究中指出企业往往会针对内部环境因素的约束，对备选商业模式进行调整或修正，从而形成了具有不同特点的商业模式[109]，其研究结论进一步验证了企业内部因素对商业模式选择的重要性。

切斯布洛（Chesbrough）[110]在针对商业模式创新的研究中指出企业在进行商业模式选择时，不仅需要考虑外部环境因素，还需要考虑企业内部因素，如果备选商业模式与企业现有的资源能力和战略方向冲突，企业将不宜采用，其研究结论说明商业模式选择必须考虑企业内部的影响因素。

刘向东[111]针对移动零售下的全渠道商业模式选择进行了研究，指出商业模式的选择最终取决于产品与服务的类型，以及与之相关的不同商业模式构成要素的组合方式，需要企业依据自身的环境定位来做出不同的决策。其研究结论不仅强调了企业内部因素对商业模式选择的影响，也为商业模式选择提供了新的思路与方法。

郭毅夫[106]在针对商业模式的转型研究中，通过实证研究强调了推动商业模式重新调整的重要企业内部因素为企业家能力和企业学习能力，其研究结论体现了企业管理者以及决策分析者在商业模式选择中的重要作用。

雷晓健[107]在对 B2C 电子商务企业商业模式选择展开研究时指出，影响商业模式选择的企业内部因素主要包括人才储备、企业核心能力等，其研究结论对于商业模式的选择具有指导意义。

侯赟慧等[33]在针对网络平台商务生态系统商业模式选择策略的研究中提出企业在进行商业模式选择时，不仅需要考虑外部因素，还需要考虑内部因素，例如，关注价值主张、顾客的具体属性和企业的核心竞争优势，其研究结论对于企业商业模式的选择具有重要指导意义。

综上所述，企业商业模式选择的影响因素是复杂的、多方面的，企业管理者以及决策分析者应将企业商业模式的选择建立在对外部环境因素和企业内部因素的细致分析和充分权衡之下，因此没有一个商业模式适用于所有企业，也没有一个商业模式能够永远为企业带来收益。随着外部环境因素和企业内部因素的不断变化，企业应及时调整和完善现有的商业模式，以此来取得可持续的发展。

2.4 关于商业模式选择的含义及方法

学术界关于商业模式选择问题的研究已取得了一些研究成果。本节将针对商业模式选择的含义及方法的相关研究成果进行文献综述。

2.4.1 商业模式选择的含义

关于商业模式选择的含义，学术界一些学者展开了研究。

李红霞[14]针对商业模式选择方法与评价方法进行研究，采用文献分析的方法指出了商业模式的选择是以商业模式概念界定、商业模式构成要素分析，以及商业模式分类研究为基础展开的。

庄建武[112]针对商业模式的重塑问题进行研究，采用演绎推理方法，指出了商业模式选择就是商业模式的重塑，即对顾客价值的重新定位和对收入模式的重新设计，以及关键资源和关键流程的重新确认，其研究结论为商业模式选择的研究指明了新的思路和方向。

伊姆河（Im）[19]等针对商业模式选择方法进行研究，将商业模式选择视为从若干个备选方案（即不同构成要素的组合）中进行优选的过程，其研究结论为商业模式的选择提供了新的思路。

刘向东[111]针对移动零售商的全渠道商业模式选择进行研究，指出了商业模式选择是从不同要素组合中进行选择的过程，其研究结论对于明晰商业模式选择的含义有指导意义。

王浩伦等[18]针对产品服务系统的商业模式择优方法进行研究，采用文献分析方法，相关研究成果总结出不同的商业模式是由多样化的构成要素组合而成，商业模式选择就是从中选择最佳的方案，其研究结论对于进一步明确商业模式选择的含义有指导意义。

综上所述，商业模式选择是对企业内部因素和外部环境重新匹配的过程，也是对其构成要素的重塑过程，旨在实现企业盈利的增长和竞争力的提升。

2.4.2 商业模式选择的方法

近年来，学者们对商业模式的研究已经从对其概念、含义和分类的研究逐渐转向对商业模式的选择和创新方面的研究。在学者们的高度重视下，针对商业模式选择方法的研究已经取得了一定的研究成果，下面将针对商业模式选择方法的国内外相关研究进行文献综述。

张其翔等[12]针对电信企业的商业模式及其评价方法的研究，采用定量分析的方法提出了基于 AHP 方法的电信企业商业模式选择方法，其研究结论对于电信企业的商业模式选择及评价有指导意义。

佐格拉夫斯（Zografos）等[13]针对交通运输系统商业模式的构建与评价问题进行研究，在建立针对运输服务业的商业模式评价指标体系的基础上，给出了基于 AHP 的商业模式选择方法，其研究结论对于交通运输系统以及其相关行业领域的商业模式的构建与评价有指导意义。

李（Lee）等[48]针对便携式多媒体播放器的内容服务的商业模式构建问题进行研究，从顾客满意的视角，通过采用联合分析法对备选商业模式进行评价和选择，其研究结论为商业模式选择的理论与方法提供了新的思路。

李红霞[14]针对企业商业模式的选择与评价进行深入研究，在通过文献分析法梳理出商业模式构成要素的基础上，给出了基于 AHP 方法及平衡计分卡法的企业商业模式选择方法，其研究结论为商业模式的选择提供了理论与方法的指导。

王逸等[9]针对新建资源型企业的商业模式选择与创新进行研究，在对资源型企业进行分类的基础上，给出了基于 SWOT 分析的商业模式选择与创新方法，其研究结论为商业模式选择方法提供了新的思路。

王雷[15]针对手机游戏行业商业模式的研究，通过文献分析总结出商业模式的构成要素，在构建手机游戏商业模式行业综合评估指标体系的同时给出了基于模糊综合评价法与 AHP 方法的手机游戏企业商业模式选择方法，其研究结论对于手机游戏行业的商业模式选择与评价有指导意义。

江珊[11]针对 F 酒店商业模式选择与风险问题进行研究，在对比分析国内外常见的星级酒店投资及经营模式的基础上，基于五力竞争分析模型为广州市酒店选择了适合的商业模式，其研究结论对于酒店及相关行业的商业模式选择与评价有指导意义。

达斯（Daas）等[16]针对商业模式设计的决策支持系统进行研究，在构建商业模式评价指标体系的基础上，运用 AHP 方法对商业模式进行优选。其研究结论验证了佐格拉夫斯（Zografos）等[13]、李红霞[14]、王雷[15]研究结论的有效性和可行性。

伊姆河（Im）等[19]针对商业模式选择方法进行研究，通过归纳总结商业模式构成要素以及商业模式评价指标，给出了基于模糊 AHP 和模糊 TOPSIS 的商业模式选择方法，其研究结论对于商业模式选择方法的研究有指导意义。

蒋（Jang）等[10]针对中国水市场的商业模式选择与评价问题进行研究，利用 SWOT 分析方法对两种公共私营合作制商业模式进行了评价和选择，其研究结论进一步拓宽了商业模式选择的思路指导和方法借鉴。

侯赟慧等[33]针对网络平台商务生态系统商业模式选择策略进行研究，在分析网络平台商务生态系统的概念和系统成员的关系模式的基础上，给出了基于价值源、价值通道和价值转换的商业模式构成要素以及商业模式选择的评价标准，并以此为基础研究了商业模式的选择策略，其研究结论对于商业模式选择的进一步研究有指导意义。

张（Chang）等[17]针对商业模式的选择问题，以台湾电子书公司为例，运用模糊 AHP、VIKOR、灰色关联和 TOPSIS 等多种方法对该公司的备选商业模式进行比较排序，并对该公司的商业模式进行优选，其研究结论为商业模式选择提供了新思路和新方法。

王浩伦等[18]针对产品服务系统商业模式择优方法进行研究，提出了一种基于 VIKOR 的商业模式择优方法，该方法基于形态学矩阵并运用 VIKOR 方法对产品服务系统的商业模式备选方案进行优选，其研究结论对于商业模式的选择方法有指导意义。

秦（Qin）等[49]针对能效承包的商业模式选择问题进行研究，指出了目前能效承包在中国的重要性，并基于扩展多准则决策方法给出了能效承包的商业模式选择方法，其研究结论为商业模式选择提供了新的方法借鉴。

综上所述，学者们已经从不同的视角、采用不同的方法探讨了商业模式选择的方法。

2.5 已有研究成果的贡献与不足的评述

通过上述几节中对商业模式相关概念、商业模式选择的影响因素以及商业模式选择的含义及方法等方面研究成果的阐述与分析，可以看出，关于商业模式选择问题的相关研究越来越受到国内外学者们的关注，并已取得了较为丰硕的研究成果。但是，已有研究成果尚存在不足之处或薄弱之处。下面，本节将针对已有研究成果的主要贡献与不足之处加以总结，进而给出已有相关研究成果对本书研究的启示。

2.5.1　主要贡献

已有的商业模式相关概念、商业模式选择的影响因素以及商业模式选择的含义及方法等方面的研究成果为开展价值链视角下基于关键要素的商业模式选择方法的研究奠定了坚实的理论基础，为解决现实中广泛存在的企业商业模式选择问题提供了可行的思路与途径。已有研究的主要贡献主要体现在以下几个方面：

（1）指明了商业模式选择问题的研究意义与价值。已有的相关研究均从不同的视角对商业模式选择问题进行了研究，例如，达斯（Daas）等[16]、伊姆河（Im）[19]、张（Chang）等[17]、王浩伦等[18]的相关研究成果均表明了有关商业模式选择问题的研究是一个非常重要且值得关注的研究课题，具有广泛的现实背景和学术价值[12-19,33,43-49]。同时，近年来莫里斯（Morris）等[23]、高闯等[24]、刘立等[25]一些学者指出应从价值创造的角度（即价值链视角）来进行商业模式的相关研究[23-25]。此外，尽管学者们对商业模式的概念尚未形成统一的意见，但是学者们普遍认为商业模式是由若干个构成要素构成的[26-28]。这为本书研究动机的形成和研究主题的确立提供了重要的方向指导。

（2）为商业模式选择问题的深入研究提供了理论指导和依据。已有的关于商业模式选择的相关研究成果中涉及了若干对商业模式构成要素[64-86]、商业模式选择影响因素[2,33,52,104-107]以及商业模式选择含义和概念界定[12-19,33,43-49]的研究。例如，霍洛维茨（Horowitz）[64]、韦尔（Weill）等[71]、原磊[59]、罗珉[54]、魏炜和朱武祥[77]、王鑫鑫[79]、佐特（Zott）和阿米特（Amit）[62]、塔兰（Taran）[85]、郭守亭[86]均在各自的研究领域中给出了商业模式的构成要素，马哈德文（Mahadevan）[2]、克什特里（Kshetri）[104]、休斯（Hughes）等[105]、郭毅夫[106]、李林等[52]、侯赟慧[33]均从不同角度指出了商业模式选择的影响因素，佐格拉夫斯（Zografos）等[13]、李（Lee）等[48]、伊姆河（Im）等[19]、张（Chang）等[17]、王浩伦等[18]从各自的研究中给出了商业模式选择的概念界定和理论基础，其中包括商业模式选择的基本思想、基本步骤和基本理论，李红等[29]、郭蕊等[31]指出了针对商业模式创新或重新选择的研究可以首先考虑关键要素的识别问题，等等。这些都为本书价值链视角下基于关键要素的商业模式选择方法研究框架的提出奠定了坚实的理论基础，提供了理论指导与依据。

（3）为完善或丰富商业模式选择方法的研究提供了方法与技术支撑。从已有的研究成果来看，关于商业模式选择问题的研究已取得了一些有价值的研究成果，例如，佐格拉夫斯（Zografos）等[13]、李（Lee）等[48]、达斯（Daas）等[16]、伊姆河（Im）等[19]、蒋（Jang）等[10]、侯赟慧等[33]、张（Chang）等[17]、王浩伦等[18]、秦（Qin）等[49]均从不同行业和不同研究视角给出了一些商业模式选择的思路及方法，这些都为后续商业模式选择的研究奠定了理论基础。上述的研究成果为本书价值链视角下基于关键要素的商业模式选择方法的研究提供了方法与技术支撑。

2.5.2 不足之处

虽然关于商业模式选择问题的研究已经引起了许多学者们的关注，并且取得了较为丰硕的研究成果，但需要指出的是，目前的研究尚存在一些不足之处或局限性，主要体现在以下两个方面：

（1）缺乏一般性、系统性、并具有普适性的商业模式选择的研究框架。已有的关于商业模式选择方法的研究大多是针对某个行业或某个公司展开研究，例如，张其翔等[12]针对电信企业提出了基于AHP方法的企业商业模式选择方法；王雷[15]针对手机游戏行业给出了基于AHP方法的手机游戏企业商业模式选择方法；张（Chang）等[17]针对台湾电子书公司的实际情况，运用模糊AHP、VIKOR、灰色关联和TOPSIS等多种方法为该公司的商业模式进行优选；等等。上述研究并未对商业模式选择中所涉及的决策问题进行归纳和提炼，并且缺乏给出具有可操作性的商业模式选择框架，缺少对于商业模式选择问题的系统性描述。这使得学者们不能系统、清晰、深入地了解商业模式选择问题研究的总体脉络和研究体系，且在一定程度上限制了商业模式选择方法在实际中的应用。

（2）缺乏针对商业模式选择关键要素识别以及商业模式关键要素选项确定的深入研究。尽管李红等[29]、郭蕊等[31]指出了针对商业模式创新或重新选择的研究可以首先考虑关键要素的识别问题，但是已有研究并未给出商业模式选择关键要素识别问题和商业模式选择关键要素选项确定等问题的描述和决策分析方法。

（3）缺乏能够有效解决商业模式选择问题的决策模型与方法。尽管原磊[59]、徐迪等[27]、王晓明等[28]、张越等[26]普遍认同商业模式是由若干个相互关联的要素所构成，但已有研究缺乏对构成要素之间相互影响、相互关联的考量[12-19,33,43-49]。例如，伊姆河（Im）等[19]通过归纳总结商业模式构成要素以及商业模式评价指标，给出了基于模糊AHP和模糊TOPSIS的商业模式选择方法。但是，却没有考虑在商业模式选择中有关指标之间的相互影响，而缺乏考虑构成要素（或关键要素）之间的关联性会在一定程度上影响商业模式的选择结果[113,114]。

2.5.3 对本书研究的启示

总体来说，已有的研究成果为进一步深入研究商业模式选择问题起到了指导作用，为相关研究提供了参考和借鉴，更是为本书针对价值链视角下基于关键要素的商业模式选择方法的研究奠定了坚实的基础，并带来了一些有价值的启示。已有研究成果对本书研究的启示主要体现在以下几个方面：

（1）可以进一步对价值链视角下基于关键要素的商业模式选择问题中的若干决策问题进行提炼与描述。具体地，可以吸取近年来国内外学者关注的重要研究成果[12-19,29,33,43-49]。例如，李红等[29]对商业模式创新关键要素的实证研究、李永海[38]基于相似案例分析对商业模式构成要素选项的提取、伊姆河（Im）等[19]通过归纳总结商业模式构成要素以及商业模式评价指标而给出的基于模糊 AHP 和模糊 TOPSIS 的商业模式选择方法，等等。基于已有的研究成果，针对价值链视角下的商业模式选择问题，有助于提出或建立解决这类问题的一些新概念、新理论和新方法，主要包括：给出价值链视角下基于关键要素的商业模式选择问题的一般性描述、给出价值链视角下基于关键要素的商业模式选择的研究框架，并系统性地给出价值链视角下基于关键要素要的商业模式选择方法，其中涉及价值链视角下商业模式选择的关键要素识别方法、基于相似案例分析的商业模式关键要素选项确定方法、商业模式关键要素选项的修正与补充方法和基于关键要素选项组合的商业模式备选方案的生成与优选方法。

（2）可以深入研究价值链视角下商业模式选择的关键要素识别方法。借鉴已有的关于商业模式构成要素的相关研究成果[64-86]，例如，霍洛维茨（Horowitz）[64]、韦尔（Weill）等[71]、原磊[59]、罗珉[54]、魏炜和朱武祥[77]、王鑫鑫[79]、佐特（Zott）和阿米特（Amit）[62]、塔兰（Taran）[85]、郭守亭[86]，等等。通过文献计量方法来对价值链视角下商业模式的构成要素进行筛选，并运用德尔菲法对筛选出的商业模式构成要素进行修正，通过专家针对各构成要素重要性的评价与分析，运用 DEMATEL 方法进行价值链视角下商业模式关键要素的识别。

（3）可以进一步深入研究针对商业模式关键要素选项确定方法。已有的研究成果指出商业模式关键要素在现实中存在不同的表现形式，例如，刘林艳等[30]、郭蕊等[31]、王浩伦等[18]均指出商业模式的构成要素会有不同的表现形式，通过分析商业模式关键要素选项的重要性，借鉴 CBR 的原理和学术思想[35-38]，计算商业模式案例属性相似度和商业模式案例相似度的计算方法；通过设置相似度阈值提取符合相似度阈值要求的相似历史案例，并据此将相似历史案例所对应的关键要素选项提取，构建备选商业模式关键要素选项集。

（4）可以进一步深入研究商业模式关键要素选项的修正与补充原则与策略。李永海[38]指出，要素选项可能会根据所在行业外部环境与企业内部环境的不同而产生差异，从相似案例中提取出的要素选项可能并不适用于目标案例的商业模式选择。因此，可以考虑运用德尔菲法进行群体专家评价对提取出的商业模式关键要素选项进行修正，采用头脑风暴方法对商业模式关键要素选项进行补充。

（5）可以进一步深入研究基于关键要素选项组合的商业模式备选方案的生成和优选方法。伊姆河（Im）等[19]指出筛选出的构成要素之间可能会出现不相容、不匹配的情况，所以，在本书的研究中需要通过构建关键要素选项的相容性判断矩阵来进一步确定关键要素选项间的相容性，进而给出商业模式备选方案的生成规则。伊姆河（Im）等[19]、王浩伦等[18]均在已有的研究中给出了关于商业模式备选方案生成与优选的原理和思想[19,38]；此外，索（Suo）等[113]指出有必要考虑到要素及评价指标之间的关联关系，所以，可以考虑运用 DEMATEL 方法确定商业模式优选的评价指标的权重，并依据 TOPSIS 方法的基本原理[19]，给出基于扩展 TOPSIS 的商业模式选择的计算方法。

2.6　本章小结

本章在对多个数据库进行检索及相关研究成果筛选的基础上，围绕商业模式相关概念、商业模式选择影响因素和商业模式选择的含义及方法等方面的研究进行了文献综述。首先，针对关于商业模式相关概念的研究进行了综述，包括商业模式的概念、商业模式的构成要素和商业模式的基本类型；然后，针对商业模式选择的影响因素的研究进行了综述，包括商业模式选择的外部环境因素和商业模式选择的企业内部因素；进一步地，针对商业模式选择的含义及方法的研究进行了综述，其中包括商业模式选择的含义和商业模式选择的方法；最后，对已有研究成果的主要贡献与不足之处进行了总结，并给出了已有研究成果对本书的启示。通过本章对于商业模式相关概念、商业模式选择影响因素和商业模式选择的含义及方法等方面的研究的文献综述工作，更加明晰了研究价值链视角下基于关键要素的商业模式选择问题，深化了本书的研究意义，为本书后续研究工作奠定了坚实的基础。

第3章
价值链视角下商业模式选择的概念
界定、理论基础及研究框架

通过第2章中针对商业模式选择的已有相关研究成果的综述工作，了解了商业模式选择问题的研究现状，并总结了相关研究成果的主要贡献与不足之处以及对本书研究工作的启示。本章将进一步对商业模式选择的相关概念进行分析并明确理论基础。首先，给出价值链视角下商业模式选择的关键要素的相关概念分析与界定并阐述相关的理论基础；然后，给出价值链视角下基于关键要素的商业模式选择问题的学术思想及一般性描述；最后，给出价值链视角下基于关键要素的商业模式选择的研究框架以及有关说明。通过本章的研究，为本书后续章节研究工作的开展奠定理论基础。

3.1 商业模式选择的相关概念分析与界定

本节将针对商业模式选择以及商业模式构成要素的相关概念进行分析和

界定。

3.1.1 商业模式选择的概念界定

从已有研究成果已知，商业模式是由若干个相互关联、相互作用、相互影响的要素所构成的整体[4,5,26-28]。阿米特（Amit）和佐特（Zott）[21]、高闯等[24]、高金余等[22]、刘立等[25]均明确指出商业模式描述了企业价值创造的逻辑，不同企业的商业模式所包含不同的价值创造活动，特别是不同的核心价值创造活动。因此，每一种商业模式都是由不同构成要素组合而成[18,19,107,108]。随着企业的外部环境和内部环境的不断变化，企业应不断对商业模式的构成要素及要素间的相互关系进行调整、创新或者重新选择。

关于商业模式选择的概念界定，学术界尚未形成统一的观点，表 3.1 所示一些学者给出了主要观点。不难看出，学者们普遍认为商业模式的选择可以视为企业基于对外部环境和内部环境的影响因素的判断而做出决策的过程。由于构成要素是描述商业模式的基本单位，而这些影响因素的具体属性是由商业模式构成要素的特征决定的，所以有关商业模式选择的研究应从商业模式构成要素入手而展开。

表 3.1　　　　　　　　　　一些学者关于商业模式选择的主要观点

学者	主要观点
李红霞[14]	商业模式选择是指根据企业内外环境对商业模式具体构成要素进行选择并实现有机组合成为一个整体的过程
原磊[59]	商业模式选择是对经济逻辑、运营结构和战略方向等相互联系的变量进行选择的过程

学者	主要观点
伊姆河（Im）等[19]	商业模式选择是对其构成要素的重新组合
刘向东[111]	商业模式选择是指对商品类型以及与之相关的服务要素组合方式的调整
许秀梅[115]	商业模式选择是构建企业内部价值流程，实现企业价值创造和企业成长的过程
侯赟惠等[33]	商业模式选择是对商业模式构成要素进行选择以及对要素间关系进行定义的过程
张承龙等[116]	商业模式选择是指企业在不同阶段对其内部资源和外部利益相关者之间进行配置和调整的过程
王浩伦等[18]	商业模式选择是指对不同构成要素组合进行选择并确定构成要素间关系的过程

综上所述，本书认为企业进行商业模式的选择就是选择更适合的方式为企业带来持续的价值增值，换言之，商业模式的选择可以被视为对商业模式构成要素及要素间相互关系的重新塑造和重新选择。

因此，本书对商业模式选择的概念界定是企业选择适合的商业模式构成要素的过程，旨在达到各构成要素之间相互协调，共同作用，进而能够形成一个良性循环的价值创造的系统。因此，商业模式选择是指对其构成要素及其组合的选择。企业应根据行业环境和企业自身的状况进行商业模式构成要素的重新选择和重新组合，以便形成有竞争力且有利于价值创造的商业模式。

3.1.2　商业模式构成要素的概念界定

关于商业模式构成要素的概念界定，一些学者给出了主要观点，如表3.2所示。大多数学者将其视为商业模式的基本构成单位。他们均明确指出商业模式是由若干个要素所构成的整体，这些构成要素之间具有相互关联、相互影响、相互作用的关系[18,19,26-28,52,59,60,111]。

表 3.2 一些学者关于商业模式构成要素的概念界定的主要观点

学者	主要观点
阿米特（Amit）和佐特（Zott）[21]	商业模式构成要素是指能够阐明以价值创造为目的的企业与供应商及客户关系的一系列元素
奥斯特沃德（Osterwalder）等[5]	商业模式构成要素是指能够简单描述和表达企业商业逻辑的元素
谢弗（Shafer）等[58]	商业模式构成要素是指用于表示企业内在核心逻辑和沟通策略选择的元素
孙永波[117]	商业模式构成要素是指能够描述公司所能为客户提供的价值以及公司的内部结构、合作伙伴网络和关系资本等借以实现这一价值并产生可持续盈利收入的要素
周辉等[118]	商业模式构成要素是指用来描述企业各项价值创造的活动以及其利益相关者的元素
伊姆河（Im）等[19]	商业模式构成要素是指具有一定逻辑关系的，能够描述商业模式的元素
张越等[26]	商业模式构成要素是指能够清晰描述企业的生产运营过程以及创造并获取价值的途径和原则
胡保亮[119]	商业模式构成要素是指能够描述和定义商业模式，阐明如何创造价值、传递价值和获取价值的原理，进而展现企业创造价值的逻辑的元素

商业模式的构成要素概念更有助于企业管理者以及决策分析者正确理解企业的价值逻辑。因此，本书对商业模式构成要素的概念界定是能够用于描述企业价值增值过程中的那些基本的流程和业务，包括产品与服务、业务与

流程、资源与能力以及其他利益相关者等。

3.2 价值链视角下商业模式选择的
理论基础和相关概念界定

针对价值链视角下基于关键要素的商业模式选择方法的研究，有必要先明晰价值链视角下商业模式选择的关键要素的相关概念及理论，本节将针对价值链理论、基于价值链理论的商业模式选择的维度划分、价值链视角下商业模式选择的关键要素的概念界定以及关键要素选项的概念界定进行说明。

3.2.1 价值链理论概述

价值链理论是由美国哈佛商学院的迈克尔·波特（Michael E. Porter）教授在其著作《竞争优势》中最早提出的[20]。其目的是将价值链作为分析企业经营活动、组织结构和业务体系并确立企业竞争优势的一个概念工具。波特（Porter）[20]认为，价值链是企业所有互不相同但又互相关联的生产经营活动构成的一个价值创造的动态过程，每项生产经营活动都是企业创造价值的经济活动。如图 3.1 所示，企业的价值创造活动可以分为两类：基本活动和辅助活动。其中，基本活动是指企业生产经营的实质性活动，按照企业生产经营的一般顺序，可以将其分为：内部物流、生产制造、外部物流、市场营销、售后服务五项活动；辅助活动是指用于支持基本活动并且内部之间又相互支持的活动，其中包括：采购管理、技术开发、人力资源管理和企业基础设施四项活动。这些活动在企业价值创造的过程中是相互联系的，由此构成企业价值创造的链条，称为价值链。

由此可见，企业的价值创造是通过一系列活动构成的，这些互不相同但又相互关联的生产经营活动，构成了一个创造价值的动态过程，即价值链。商业模式的本质在于创造价值，而价值链创新的目的在于价值增值，这也正是商业模式的意义所在。因此，价值链理论可作为企业商业模式选择问题研究的理论基础与依据。通过价值链分析，企业可以对各业务领域涉及的关键活动进行系统分析，从而抓住这些业务领域的运行本质并发掘价值增值点，选择适合企业自身发展的商业模式。

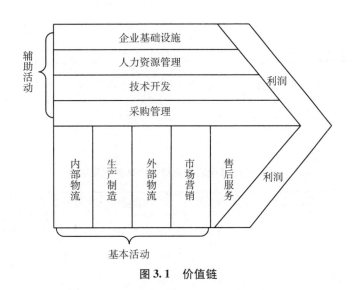

图 3.1　价值链

3.2.2　基于价值链理论的商业模式选择的维度划分

波特（Porter）[20]指出，企业价值链并不是孤立存在的，而是存在于由供应商价值链、企业价值链、渠道价值链与买方价值链共同构成的价值链系统中。企业价值链同时与上游的供应商价值链、下游的渠道价值链和买方价值链相连，构成一条完整的产业价值链。任何企业的价值链都是由一系列相互关联的价值创造的活动构成，这些活动分布于供应商的材料获取到最终产品消费时的服务之间的每一个环节。

商业模式不仅包括价值创造所需要的各个构成要素，同时也包括构成要素间的关系以及组合方式，即逻辑关系。由于价值链涵盖了企业能够涉及的所有价值活动，能够直观、清晰、全面地反映出企业价值创造的逻辑，因此价值链理论为商业模式的研究提供了一个有效的分析框架。基于此，依据波特（Porter）提出的价值链系统的四个维度进行商业模式的维度划分。依据波特（Porter）的价值链理论[20]，现实中，一个企业的商业模式通常可以视为该企业的价值链系统，一个价值链系统包含四个维度，即价值链成员、企业内部价值、渠道和客户价值，如表 3.3 所示。这四个维度能很好地体现整个企业价值链系统的价值增值过程。

表 3.3　　　　　　　　基于价值链理论的商业模式选择的维度划分

维度	描述
价值链成员	企业为创造价值而建立的合作关系伙伴（包括供应商、其他利益相关者和最终顾客等）
企业内部价值	企业为顾客创造价值的主要活动及相关支持活动等
渠道	当产品或服务从生产者向客户移动时，直接或间接转移所有权所经过的途径
客户价值	企业通过其产品或服务所能向客户提供的价值

3.2.3　价值链视角下商业模式选择的关键要素的概念界定

企业进行商业模式选择，首先需要明确商业模式选择的关键要素，这里将对价值链视角下商业模式选择的关键要素的概念进行说明和界定。

由前文可知，商业模式描述了企业价值创造的逻辑，价值创造活动是商业模式的核心。由于商业模式中的若干构成要素在创造价值或价值增值的过程中的贡献是不同的，所以本书对价值链视角下的商业模式关键要素的界定是那些在价值创造过程中发挥重大作用的构成要素。

波特（Porter）[20]指出，一条完整的产业价值链由企业价值链、上游的供应商价值链、下游的渠道价值链和买方价值链构成，四条价值链结合构成一个完整的价值链系统，不同企业的价值链系统中各环节的重要性存在差异。例如，在生产型企业中，生产制造活动的作用显得尤为重要；而在流通型企业中，内部物流和外部物流的活动成为重要的环节。所以，这里需要指出的是，针对不同的外部环境因素和企业内部因素，每个企业在商业模式选择过程中的关键要素不尽相同。企业管理者以及决策分析者应根据实际情况，针对现实中的企业商业模式选择问题，选择在价值增值过程中最具代表性、贡献最大的构成要素来确定成为关键要素。

综上所述，本书认为：价值链视角下企业商业模式选择的关键要素的确定需要通过综合考虑外部环境因素和企业内部因素，从价值创造的视角出发，将对价值创造贡献最大的环节视为关键环节，并据此找出那些对企业的价值增值做出重大贡献的构成要素，即关键要素。

3.2.4 关键要素选项的概念界定

关于商业模式构成要素在现实中的表现形式，多位学者进行了研究，他们指出商业模式的构成要素在现实中会有不同的表现形式，即构成要素的选项[18,19,33]。例如，商业模式的构成要素"价值主张"可表现为企业所提供的标准化或者个性化的产品和服务，而"标准化的产品或服务"和"个性化的产品与服务"就是其构成要素选项；商业模式构成要素"目标顾客"可以是政府、企业或者个体消费者等，而"政府"、"企业"或者"个体消费者"就是其构成要素选项；商业模式构成要素"分销渠道"可以采用直接、间接或者线上线下（O2O）的方式，而"直接"、"间接"和"线上线下（O2O）"就是其构成要素选项；商业模式构成要素"核心能力"可以来自企业的技术能力、专利产品、品牌价值、成本优势和质量优势等，而"技术能力"、"专利产品"、"品牌价值"、"成本优势"和"质量优势"就是其构成要素选项；商业模式构成要素"收入模式"可以有多种模式或者单一模式，也可以是自觉性收入模式，即企业通过对盈利实践的总结，对收入模式进行精心调整和设计而成的，或者是自发性收入模式，即企业尚未形成明确和清晰的收益路径，等等，而"多种模式"、"单一模式"、"自觉性收入模式"和"自发性收入模式"就是其构成要素选项。以此类推，现实中，商业模式选择的关键要素也存在着多种表现形式。

因此，本书对关键要素选项的界定是企业在商业模式选择中的关键要素在企业实际生产和运营过程中的表现形式，即在价值创造过程中的表现形式。

3.3　价值链视角下基于关键要素的商业模式选择的学术思想及问题描述

通过本书第 2 章对商业模式的相关概念、商业模式选择的影响因素和商业模式选择的含义及方法等方面的梳理与学习，以及针对现实中广泛存在的商业模式选择问题的整理与总结，本节首先阐述基于价值链理论的商业模式选择的学术思想，然后给出价值链视角下基于关键要素的商业模式选择问题的一般性描述。

3.3.1　基于价值链理论的商业模式选择的学术思想

一些研究成果表明：商业模式的选择应基于价值链理论[20-25,32]，企业进行商业模式选择就是选择更适合的方式为企业带来持续的价值增值。还有一些研究成果表明：企业商业模式的选择过程是一个复杂的决策过程，而构成要素是描述商业模式的基本单位，每一种商业模式都是由不同构成要素组合而成的[18,19,26-28,52,59,60,111]。如图 3.2 所示，本书给出的基于价值链理论的商业模式选择的学术思想路线图。首先，基于价值链理论进行商业模式选择的维度划分并据此给出商业模式的构成要素；其次，考虑到企业管理者以及决策分析者对事物的认知能力以及对信息的处理能力的有限性，依据价值链理论，以及通过对现实中企业内部和外部环境的分析，进而从商业模式的构成要素中识别出那些在企业价值创造过程中具有重要贡献的构成要素，即关键要素；再次，考虑到商业模式的选择建立在企业战略环境分析的基础之上[3-5,32]，并且企业各自的战略环境存在差异，所以企业商业模式的关键要素会有不同的具体表现形式[18,19,33,111]，即关键要素选项，为此，通过企业战略环境分析并采用案例推理理论，通过相似案例分析方法可提取商业模式的关键要素选项；进一步地，依据大量文献分析，商业模式选择是指对商业模式关键要素选项的重新选择，商业模式的选择过程可以被视为对商业模式关键要素选项及其关系的创新过程，即对商业模式关键要素选项的重新组合和重新选择，因此，考虑到关键要素选项间的相容性，可通过专家评价的方法构建商业模式备选方案集；最后，可采用多属性决策理论与方法进行商业模式的优选。

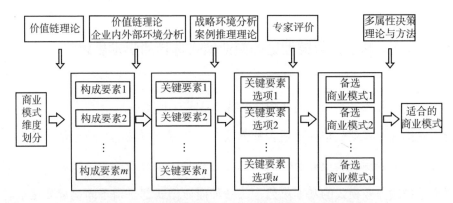

图 3.2　基于价值链理论的商业模式选择的学术思想

由此可见，为了生成可供选择的商业模式备选方案，识别并确定商业模式选择的关键要素以及关键要素选项是开展后续研究的前提条件。依据价值链理论和相关的战略管理理论，究竟如何针对企业自身情况识别出商业模式选择的关键要素，并对商业模式的关键要素选项进行优选，并据此选择适合的商业模式是需要深入研究的重要问题。基于上述分析可知，迫切需要研究一种新的、有效的决策理论与方法来解决现实中的企业商业模式选择问题。

3.3.2　基于关键要素的商业模式选择问题的一般性描述

价值链视角下基于关键要素的商业模式选择过程包含了若干具体的决策问题，这里提炼出商业模式选择过程中所涉及的四个典型的决策分析问题，即针对商业模式选择的关键要素识别问题、针对商业模式关键要素选项确定问题、针对商业模式关键要素选项的修正与补充问题和针对商业模式备选方案的生成与优选问题。因此，关于价值链视角下基于关键要素的商业模式选择的一般性描述，可以归纳为四个决策分析问题的描述。

1. 针对商业模式选择的关键要素识别问题。

针对商业模式选择的关键要素识别问题，是指如何识别出那些在企业价值增值过程中具有重要作用的构成要素。企业管理者以及决策分析者通常需要在商业模式构成要素筛选和分析的基础上，聘请多个专家针对现有商业模式构成要素的重要性进行评价与分析，通过充分获取专家的评价信息来针对商业模式选择的关键要素进行识别。

2. 针对商业模式关键要素选项确定问题。

针对商业模式关键要素选项确定问题，是指如何确定商业模式关键要素在现实中的具体表现形式，即关键要素选项。在这个关键要素选项确定问题中，企业管理者以及决策分析者依据相关分析并通过提取相似历史案例的方式来确定相应的关键要素选项。

3. 针对商业模式关键要素选项的修正与补充问题。

针对商业模式关键要素选项的修正与补充问题，是指考虑企业的实际情况，将基于相似案例分析确定的关键要素选项如何进行进一步的修正和补充，将那些不适用于目标企业商业模式的关键要素选项进行剔除，将那些命名不准确的关键要素选项进行修改，将那些被忽略的关键要素选项进行添加。

4. 针对商业模式备选方案的生成与优选问题。

针对商业模式备选方案的生成与优选问题，是如何将获取的关键要素选项进行组合并生成商业模式备选方案，进而进行商业模式的优选。企业管理者以及决策分析者通常需要考虑关键要素选项间的相容性，即关键要素选项间不能出现不兼容或不匹配的情况，例如，在"价值主张"这一关键要素选项（表现形式）中，"婴幼儿早教服务"与在"目标客户"这一关键要素选项中的"政府"相容性较低。针对这种情况，企业管理者以及决策分析者通常会聘请多个专家对关键要素选项之间的相容性进行评价，剔除相容性较低的关键要素选项，并据此生成企业商业模式的备选方案。进一步地，依据生成的商业模式备选方案，可采用多属性决策理论与方法进行商业模式的优选。

3.4　价值链视角下基于关键要素的商业模式选择的研究框架

本节在借鉴关于商业模式选择问题的已有研究成果的基础上，给出价值链视角下基于关键要素的商业模式选择的研究框架以及研究框架的有关说明。

3.4.1　研究框架

依据已有相关研究成果的分析以及上一节给出的价值链视角下基于关键要素的商业模式选择的学术思想及问题描述，这里给出价值链视角下基于关键要素的商业模式选择方法的研究框架，如图 3.3 所示。在图 3.3 所示的研究框架中，可以明确看到价值链视角下基于关键要素的商业模式选择方法所涉及若干具体研究问题或研究内容以及先后逻辑关系，同时还可以明确看到针对每个研究内容所需要的理论与方法的支撑。在研究框架中，涉及的主要研究内容包括 7 个部分：第一，价值链视角下商业模式构成要素筛选。基于价值链理论，并采用文献计量方法对商业模式的构成要素进行筛选，并运用德尔菲法对筛选出的商业模式构成要素进行修正。第二，价值链视角下商业模式选择的关键要素识别。基于价值链理论，并通过专家针对要素重要性的评价与分析以及采用多属性决策方法（DEMATEL 方法）对商业模式关键要素进行识别。第三，价值链视角下商业模式关键要素选项的确定。运用案例推理理论（CBR）以及多属性决策方法，通过商业模式案例属性相似度和商业模式案例相似度的计算以及设置相似度阈值，提取关于商业模式的相似历史案例，在此基础上，确定相似历史案例中所对应的关键要素选项。第四，关键要素选项的修正与补充。采用德尔菲法和头脑风暴法对商业模式关键要素选项进行修正与补充。第五，商业模式备选方案的生成。基于价值链理论，并采用群体专家评价方法，通过关键要素选项间相容性的评价和制定关键要素选项备选方案的生成规则，生成目标案例商业模式选择的备选方案。第六，商业模式评价指标的确定。基于价值链理论，并采用群体专家评价方法，针对提取出的商业模式关键要素选项进行商业模式评价指标的构建。第七，商业模式的优选。基于价值链理论，并采用多属性决策理论与方法，进行商业模式的优选。

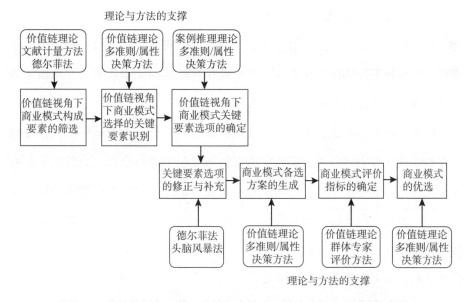

图 3.3 价值链视角下基于关键要素的商业模式选择方法的研究框架

3.4.2　研究框架的有关说明

针对本书关注的价值链视角下基于关键要素的商业模式选择问题的研究框架，从以下三个方面给出简要的说明。

1. 关于群体专家评价信息的获取。

在本书给出的价值链视角下基于关键要素的商业模式选择问题的研究框架中的每一个提炼出的决策分析问题中，群体专家评价信息的获取都是不可缺少的重要组成部分。这是因为，企业商业模式选择的过程中不能完全依靠定量建模分析，还需要一些基于经验的、主观的定性分析，而企业管理者以及决策分析者往往局限于企业内部人员的有限理性，他们的评价和判断只能代表企业内部某一特定的群体，不能全面地反映出企业在商业模式选择中的客观实际情况，所以关于专家评价信息的获取是非常重要的。

2. 关于商业模式选择关键要素的考虑。

在本书给出的价值链视角下基于关键要素的商业模式选择问题的研究框架中，均根据不同的决策环节关注了商业模式选择的关键要素，并给出了价值链视角下基于关键要素的商业模式选择方法。这是因为，每个商业模式均由不同的构成要素构成，鉴于企业管理者以及决策分析者的有限理性，在进行商业模式选择中，对商业模式中所有的构成要素进行全面、完整的分析和考量是不现实的。由于每个构成要素在企业价值增值过程中所发挥的作用不尽相同，企业管理者以及决策分析者应首先对商业模式构成要素的重要性进行综合的判断和分析，从而识别出针对那些在价值创造中最重要的商业模式构成要素，即关键要素；然后通过对关键要素的全面、深入地分析为企业选择适合的商业模式。

3. 关于商业模式选择关键要素及其选项的确定。

在本书给出的价值链视角下基于关键要素的商业模式选择问题的研究框架中，给出了价值链视角下关键要素的识别、基于相似案例分析的商业模式关键要素选项的确定以及价值链视角下商业模式评价指标的构建，均没有确定具体的关键要素、关键要素选项以及其对应的评价指标。这是因为，由于不同类型的企业所处的行业环境不同，外部环境因素大不相同，相应的，企业内部因素也不尽相同，可能会出现商业模式的构成要素在不同企业创造价值过程中所做出的贡献不同，即不同企业的商业模式关键要素会有不同。所以，由于无法确定具有普适性的关键要素及其选项，本书仅给出价值链视角下商业模式选择的关键要素识别方法、基于相似案例分析的商业模式关键要素选项的确定方法以及价值链视角下商业模式的评价指标构建方法，现实中，企业管理者以及决策分析者将根据企业的外部环境和企业的内部环境，结合实际采用本书给出的方法进行商业模式选择的关键要素的识别、关键要素选项的确定以及商业模式评价指标的构建。

3.5 本 章 小 结

本章给出了价值链视角下商业模式选择的相关概念界定、理论基础及研究框架。具体地，分别给出了商业模式选择的概念界定、商业模式的构成要素的概念界定、基于价值链理论的商业模式选择的维度划分、价值链视角下商业模式选择的关键要素的概念界定以及关键要素选项的概念界定。在借鉴已有的关于商业模式的相关概念、商业模式选择的影响因素和商业模式选择的含义及方法等方面的研究成果的基础上，给出了价值链视角下基于关键要素的商业模式选择方法研究的学术思路及一般性问题描述，给出了相应的研究框架及有关说明。通过本章的工作，奠定了本书关注研究的理论基础，明确了具体研究问题，建立了后续章节研究工作的体系结构。

价值链视角下商业模式选择的
关键要素识别方法

由第 3 章给出的价值链视角下基于关键要素的商业模式选择问题描述和研究框架可知，针对商业模式选择的关键要素识别是价值链视角下基于关键要素选择的商业模式选择的核心环节之一。本章将围绕价值链视角下商业模式选择的关键要素识别方法进行研究，首先给出价值链视角下商业模式选择的关键要素识别的问题描述及相关符号说明，然后给出基于文献计量分析的商业模式构成要素的筛选方法和基于德尔菲法的商业模式构成要素的修正方法，最后给出价值链视角下基于 DEMATEL 方法的关键要素识别方法。

4.1 问题描述及相关符号说明

本节围绕价值链视角下商业模式选择的关键要素识别问题进行描述，并给出相关符号说明。

4.1.1 问题描述

目前，虽然学术界关于商业模式的定义尚未形成统一的观点，但大多数学者们认为商业模式是由若干个相互关联、相互作用的要素所构成的整体，并且这些要素之间具有相互关联的关系[26-28]。关于商业模式构成要素的研究，学者们对于商业模式构成要素的认知是基于商业模式概念的认知衍生而来，由于每个学者的研究背景、动机、目的和视角都不尽相同，所以学者们对于商业模式构成要素的组成也存在着一定的分歧。例如，哈默尔（Hamel）[108]指出了由4个要素构成的商业模式，即核心战略、战略资源、顾客界面和价值网络；奥斯特沃德（Osterwalder）[5,95]认为商业模式由9个基本构成要素构成，即价值主张、目标客户、分销渠道、客户关系、价值配置、核心能力、合作伙伴、成本结构和收入模式；莫里斯（Morris）[23]认为商业模式构成要素有6个：价值、市场、能力、战略、成本和成长；切斯布洛（Chesbrough）[3,110]指出商业模式由5个基本要素构成，即市场、价值主张、成本与利润、价值网络和竞争战略；佐特（Zott）和阿米特（Amit）[62]将已有研究成果进行整合，指出商业模式主要由客户、合作伙伴、供应商和产品市场四个基本要素构成；理查德森（Richardson）[120]认为商业模式则由价值主张、价值创造、价值传递和价值获取等要素构成；特克斯（Teece）[32]指出商业模式的基本构成要素是价值主张、产品效益、顾客细分、收入模式和价值传递；魏炜等[77]指出商业模式的构成要素为核心能力、关键资源、市场定位、业务系统、现金流结构和盈利模式；博肯（Bocken）等[84]提出商业模式由价值主张、价值创造、价值传递和价值获取构成；郭守亭等[86]指出零售商业模式的构成要素为目标市场定位、产品或服务、资源和能力、关键业务、价值网络、营销模式、盈利模式和成本管理；等等。

近年来，越来越多的国内外学者开始从价值链的视角对商业模式进行定义[20,21,24,25,38,103,121]，商业模式可以视为企业创造价值的逻辑结构，而商业模式构成要素可以视为企业的价值创造过程中的一系列互不相同又互相关联的生产或经营活动，这些活动包括多个基本活动和辅助活动，构成了企业创造价值的动态过程，即价值链。针对不同的外部环境因素和企业内部因素，每个企业在商业模式选择选择过程中的关键要素不尽相同。企业管理者以及决策分析者应根据实际情况，针对现实中的企业商业模式选择问题，选择在价值增值过程中最具代表性的构成要素来确定成为针对商业模式选择的关键要素。

这里要解决的问题是：如何从若干相关文献中筛选出价值链视角下的商业模式构成要素，以及如何采用科学的方法识别出那些对企业的价值创造具有重要作用和重大贡献的构成要素，即商业模式选择的关键要素。

4.1.2　相关符号说明

为了解决价值链视角下商业模式选择的关键要素识别问题，现将本章使用的相关符号进行定义与说明，具体如下：

- $N = \{1, 2, \cdots, n\}$：对应于商业模式构成要素的下标集合，其中 n 表示商业模式构成要素的总个数。

- $C = \{C_1, C_2, \cdots, C_n\}$：商业模式构成要素集合，其中，$C_i$、$C_j$ 表示第 i、j 个构成要素，$i, j \in N$。

- $U = \{0, 1, \cdots, u\}$：对应于评价商业模式构成要素间关联强弱的语言评价短语的下标集合，其中 $u + 1$ 表示语言评价短语的总个数。例如，当

$u = 4$ 时，表示共有 5 个语言评价短语。

- $Z = \{Z_0, Z_1, \cdots, Z_u\}$：关于评价商业模式构成要素间关联强弱的语言评价短语集合，其中 Z_r 表示第 r 个语言短语，$r \in U$。这里可考虑采用语言评价短语集合 $Z = \{Z_0 = \mathrm{NO}$（无关联），$Z_1 = \mathrm{VL}$（非常低），$Z_2 = \mathrm{L}$（低），$Z_3 = \mathrm{H}$（高），$Z_4 = \mathrm{VH}$（非常高）$\}$。

- $S = \{1, 2, \cdots, s\}$：对应于参与商业模式关键要素识别的专家的下标集合，其中 s 表示参与商业模式关键要素识别的专家的总人数。

- $F = \{F_1, F_2, \cdots, F_s\}$：参与商业模式关键要素识别的专家集合，其中 F_o 表示第 o 个专家，$o \in S$。

- $V = \{0, 1, \cdots, v\}$：对应于商业模式构成要素重要程度评价的语言评价短语的下标集合，其中 $v + 1$ 表示语言评价短语的总个数。例如，当 $v = 4$ 时，表示共有 5 个语言评价短语。

- $H = \{H_0, H_1, \cdots, H_v\}$：关于评价商业模式构成要素重要程度的语言评价短语集合，其中 H_b 表示第 b 个语言短语，$b \in V$。这里可以考虑语言评价短语集合为 $H = \{H_0 = \mathrm{VB}$（非常不重要），$H_1 = \mathrm{B}$（不重要），$H_2 = \mathrm{L}$（一般），$H_3 = \mathrm{G}$（重要），$H_4 = \mathrm{VG}$（非常重要）$\}$。

- e_i^o：专家 F_o 依据语言评价短语集合 H 给出的构成要素 C_i 的重要程度评价值，$o \in S$，$i \in N$。例如，专家 F_1 依据语言评价短语集合 H 给出的构成要素 C_2 的重要程度评价值可以表示为 e_2^1。

4.2 价值链视角下商业模式构成要素的筛选与修正

针对价值链视角下商业模式构成要素的筛选问题，由于价值链视角下商业模式构成要素的已有相关研究成果较多，且尚未形成统一的结论，所以本节考虑采用文献计量方法进行价值链视角下的商业模式构成要素筛选，并采用德尔菲法对筛选出的构成要素进行修正。下面首先给出文献计量方法的描述，然后，分析并给出基于文献计量分析的商业模式构成要素筛选方法和基于德尔菲法的商业模式构成要素的修正。

4.2.1 文献计量方法概述

文献计量方法是对文献的定量分析和研究，又称为文献计量学方法，该方法始于 1917 年，动物学教授科尔（Cole）和博物馆馆长伊莱斯（Eales）进行合作研究，他们对 1543 年到 1860 年期间欧洲各国刊物发表的关于比较解剖学的相关论文进行了统计，为文献计量方法的发展做出了开创性的工作[122,123]。1923 年，英国文献学家温德姆（Wyndham）首次提出了"文献统计学"的概念；1934 年，英国南肯辛顿的科学图书馆馆长布拉德福德（Bradford）通过对 490 种期刊上刊载的关于地球物理学的论文进行统计分析，发表了著名的文献集中与分散定律[123]。随后，普莱斯（Price）[124]提出科学技术都具有可积累性，新的知识来源于过去的知识。加菲尔德（Garfield）[125]也强调科技发明是发明人对若干已有概念进行重新组合的知识成果。1969 年普里查德（Pritchard）[126]将"文献统计学"重新命名为"文献计量学"，并对其定义为将数学与统计学用于文献、图书和其他通讯媒介物的一门科学。从此，在经过了"统计书目学"、"图书馆计量学"、"图书馆统计学"和"文献统计学"等发展时期后，文献计量方法得到了迅速的发展。

中国关于文献计量方法的研究起步较晚，王崇德[127]指出文献计量方法是以文献或文献的某些特征的数量为基础，来论述与预测科学技术现象与规律的情报科学。王先林[128]也提出文献计量方法是以文献调查为对象，用数学和统计学的方法分析研究书刊文献资料和其他各类文献资料并从中引出各种结果而形成起来的一门新兴的边缘学科。之后国内外学者相继发表了关于文献计量方法的文章，纳林（Narin）等[129,130]认为，几乎所有的科技成果都是在前人工作的基础上发展起来的。费尔贝克（Verbeek）等[131]认为企业创新人员对科研文献的理解、认同和利用是引发科学和技术知识关联和最终造就技术转化的关键环节。目前，文献计量方法的应用范围越来越广泛，文献计量方法正在各个学科领域的全面发展。

由此可见，文献计量方法是对文献的定量研究，能够反映科学、技术与学术的发展趋势[132]。该方法是以文献体系和文献计量特征为研究对象，运用数学和统计学的计量方法，研究文献的分布结构、数量关系、变化规律和定量管理，并将文献信息交流过程中的基本规律用数学模型、数学语言等方法表示出来，以此来描述、评价和预测学术研究现状与发展趋势的一门学科[122,123]。这里需要指出的是，文献计量方法的主要研究对象是文献计量特征，进而形成可描述性的和相关性的文献计量指标，例如：篇（书）名、作者、合作者、分类号、来源项、文献类型、引文数量、引文语种、同被引等。研究者可通过使用适合的网络分析软件绘制文献计量分析图，并依据文献计量分析图来研究文献的一般规律，进而形成相应的研究结论。

关于文献计量方法的具体实施步骤，由于在不同研究领域中对文献的研究需求不同，文献计量方法的具体实施步骤不尽相同，采用的相关软件和数据分析过程也会存在差异。这里给出文献计量方法的主要步骤，如图 4.1 所示。

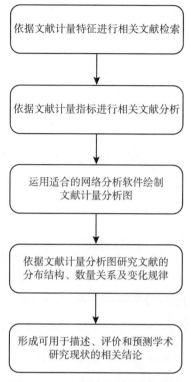

图 4.1 文献计量方法的主要步骤

4.2.2 基于文献计量分析的商业模式构成要素筛选

为了确定价值链视角下商业模式的构成要素，这里采用文献计量方法进行价值链视角下商业模式构成要素的筛选。

首先，通过使用 Elsevier、Emerald、Informs、EBSCO、Springer Link、中国知网（CNKI）等数据库，以"商业模式"和"商业模式构成要素"为关键词进行文献检索，本书仅搜索标题中检索包含"商业模式"或"商业模式构成要素"的文献。虽然许多文献在正文中提到了"商业模式"或"商业模式构成要素"，但并不是研究重点，在标题中检索包含"商业模式"或"商业模式构成要素"的文献可以保证文献样本的准确性、代表性和与本书研究较大的相关性。另外，本书仅研究价值链视角下商业模式构成要素的划分，一些文献给出的针对商业模式构成要素的分析并未直接给出"价值链视角"字样，本书依据对商业模式概念的分析，将从价值创造或价值增值角度给出的商业模式定义和构成要素全部视为"价值链视角"下给出的定义和构成要素。截至 2017 年 6 月共检索出相关文献 1214 篇。从已检索到的相关文献可以看出，有关价值链视角下的商业模式定义以及其构成要素组成的分析已具有较为丰硕的研究成果，关于价值链视角下商业模式及其构成要素的研究，早期的研究成果大多来自国外学者，中国学者在近年来的研究中，也取得了一定的进展。

然后，从已检索到的相关文献中，通过分析挑选 36 篇具有代表性的文献，并对其进行进一步整理和分析。这里，采用文献计量方法将价值链视角下商业模式构成要素的相关概念进行梳理，其目的是为了找出最能准确描述和概括价值链视角下商业模式的构成要素，即被学者们反复多次提到的构成要素，其可以作为价值链视角下商业模式构成要素筛选的重要依据。已有研究成果表明，从商业模式构成要素的数量来看，最少为 3 个，最多为 11 个；从商业模式构成要素本身来看，一共有 109 个要素被不同学者提到。在探讨价值链视角下商业模式构成要素的相关文献中，价值主张[3,5,32,58,66,69,75,78-87]、收入模式[5,32,55,58,59,66,69,74,75,78-80]、成本结构[3,5,59,76,80,81,86]、目标客户[3,32,59,62,67,82]、关键伙伴[5,51,62,70,76,79,87]、核心能力[5,23,67,68,71,76,77,79,81,86]、价值链结构[3,32,78,83-85]、关键业务[5,59,69,75,77,86]、关键资源[23,55,73,75,79,80,86]和目标市场[3,23,70,71,86,87]等要素被不同的学者多次重复提到。通过文献计量方法分析，可以剔除那些较少被学者们提到的构成要素，从而筛选出被学者们较多次提到的 46 个商业模式构成要素。

4.2.3　基于德尔菲法的商业模式构成要素的修正

在此基础上，采用德尔菲方法对基于文献计量分析得到的价值链视角下商业模式构成要素进行了三轮专家意见征询，旨在对价值链视角下商业模式构成要素进行修正与补充。

这里需要指出的是，德尔菲法是利用函询形式来进行的集体匿名思想交流的专家意见征询方法，与其他专家意见征询方法相比，该方法通过"背对背"的匿名形式可以有效避免专家间的沟通及相互影响。另外，该方法需要经过 3~4 轮的专家信息反馈，每一次反馈都能够促进企业管理者或决策分析者进行深入探讨和研究，其结果往往能够反映出专家们的基本想法和认知，调查结果相对客观。具体地，采用非概率"主观抽样"的方法，选定 30 位来自高校、科研机构从事企业管理、战略管理、商业模式创新方面研究的专家，通过单独匿名电子函询的方式进行专家意见征询。在第一轮意见征询中，专家们依据李克特量表，按照"非常不重要、不重要、一般、重要、非常重要"五个等级对文献计量分析得到的 46 个商业模式构成要素进行评价，该五个等级分别赋值为 1、2、3、4 和 5，（调查问卷见附录 A−1）。

第一轮意见征询结束后，问卷的回收率为 86%，通过综合每位专家的评分结果并计算各构成要素的加权算术平均值，筛选出 18 个商业模式构成要素。在第二轮意见征询中，让专家们针对第一轮意见征询结果中筛选出的 18 个商业模式构成要素进行评价。第二轮的问卷回收率为 93%，通过综合每位专家的评价结果，筛选出 12 个商业构成要素，专家们的观点趋于一致（调查问卷见附录 A−2）。在第三轮意见征询中，将前两轮意见征询结果中出现分歧的观点，让专家们再次进行评价，问卷回收率为 90%，最终确定价值链视角下商业模式的构成要素（调查问卷见附录A−3），如表4.1所示。

表4.1　基于德尔菲法的价值链视角下商业模式构成要素的修正结果

维度	构成要素	构成要素描述
价值链成员	关键伙伴	企业在相互信任的基础上，为了实现共同目标而共担风险、共享利益的合作对象
	价值链结构	企业各项价值增值活动的分解，企业提供商品物资的供应商之间的一系列价值活动
企业内部价值	核心能力	企业的主要能力，即企业在竞争中处于优势地位的资源能力、技术能力等
	收入模式	企业对其资源的识别和管理，在经营中获取利润的方式及来源
	成本结构	企业提供的产品与服务中各项成本费用的构成及占总成本的比重
	关键业务	企业得以顺利运营而必须实施的重要的活动，是提供产品和服务、获取利润的基础
渠道	分销渠道	企业提供的产品和服务在向最终消费者转移过程中的所有环节和渠道
客户价值	价值主张	企业通过其产品和服务所能向消费者提供的价值
	目标客户	企业提供产品和服务的主要对象和群体，是提供有针对性的产品和服务的前提

这里需要指出的是，关于调查问卷的信度问题，是通过采用SPSS 13.0进行统计分析，通过克伦巴赫（Cronbach's）系数检验专家调查问卷的信度，三轮调查问卷的信度系数分别为0.83、0.86和0.94，依据常用的信度统计标准，表明调查问卷的信度良好。关于专家的积极系数，通常是以回收率作为参考标准，专家的积极系数为可视为89.6%。关于专家的权威系数，是以专家对该领域的了解程度、专家自身的学术造诣和专家的判断依据为依据进行综合判断。本次调查中，专家的权威系数为上述三项因素的算术平均数，即

0.88，可见专家们的意见是建立在实践经验和理论分析基础之上的。关于专家意见的协调系数，三轮专家咨询的协调系数分别为 0.2064、0.5894 和 0.7985，说明专家意见的协调性良好。

通过相关文献内容的分析和专家们的修正，可以发现有些商业模式构成要素的提法和命名略有不同，但是含义却是相同的，现在将得到的专家主要建议汇总如下：

（1）15 位专家分别指出"产品和服务"、"价值端口"和"价值界面"可被统称为"价值主张"。

（2）13 位专家分别指出"运营模式""业务流程""生产模式""内部流程""业务系统""关键流程"是"关键业务"和"价值链结构"的同义语，故将其统一归纳为"关键业务"和"价值链结构"。

（3）18 位专家认为"顾客界面"、"顾客细分"和"目标客户"表达的意思相近，故统一归纳为"目标客户"。

（4）10 位专家分别提出"核心能力"、"资源"、"资源系统"、"战略资源"和"资源模式"可以视为"核心资源能力"，这里将其统一修改为"核心能力"。

（5）14 位专家分别指出"现金流结构"、"盈利模式"和"财务模式"可以用"收入模式"来概括。

（6）20 位专家分别指出"伙伴关系"、"合作伙伴"和"关键伙伴"语义相近，故此处统一归纳为"关键伙伴"。

（7）7 位专家指出"成本管理"应修改为"成本结构"更为合理。

综上所述，修正后的价值链视角下的商业模式构成要素如表4.1所示。

4.3 价值链视角下商业模式关键要素的识别

本节围绕价值链视角下商业模式关键要素的识别问题进行研究，首先给出 DEMATEL 方法概述，然后给出针对商业模式构成要素的重要性的专家评价与分析，在此基础上，给出基于 DEMATEL 方法的关键要素识别方法。

4.3.1 DEMATEL 方法概述

决策试验与评价实验室法（decision making trial and evaluation laboratory，DEMATEL)[133-135]是博特尔（Bottelle）于 1972 年为解决现实世界中复杂、困难的问题而提出的一种分析方法。该方法运用图论与矩阵工具进行要素关联分析，通过分析各要素之间直接影响关系的有无和强弱，识别出要素的重要性排序和归类。作为一种分析要素之间关系的有效方法，DEMATEL 方法有助于将复杂的因果关系可视化，因此在企业规划与决策[136-140]、服务质量评价[141,142]、产业集群分析[143]等领域得到了广泛的应用。

下面对 DEMATEL 方法的基本原理与具体计算步骤进行简要说明。

首先，通过对所收集的信息进行梳理和分析，确定商业模式构成要素 C_1，C_2，$\cdots$，C_n。

然后，依据评价商业模式构成要素间关联强弱的语言评价短语集合 Z，分析要素 C_1，C_2，$\cdots$，C_n 之间有无直接关联关系，这样可以得到直接影响矩阵 $P = [p_{ij}]_{n \times n}$，其中，$p_{ij}$ 表示要素 C_i 对要素 C_j 的直接影响程度，i，$j \in N$，$i \neq j$。这里不考虑评价要素自身的影响，故将直接影响矩阵的主对角元素记为

"－"，运算时视为 0。

接下来，对直接影响矩阵 $P = [p_{ij}]_{n \times n}$ 进行规范化处理，得到矩阵 $X = [x_{ij}]_{n \times n}$，矩阵中元素 x_{ij} 的计算公式为

$$x_{ij} = \frac{p_{ij}}{\max\limits_{1 \leq i \leq n} \left\{ \sum\limits_{j=1}^{n} p_{ij} \right\}}, \ i, j \in N \tag{4.1}$$

这里，$0 \leq x_{ij} < 1$，$i, j \in N$。DEMATEL 方法假设至少有一个 i 使得 $\sum\limits_{j=1}^{n} p_{ij} < \max\limits_{1 \leq i \leq n} \left\{ \sum\limits_{j=1}^{n} p_{ij} \right\}$ 成立，该假设在现实中大都满足。因此，矩阵 X 满足以下两个性质[144,145]：第一，$\lim\limits_{\tau \to \infty}(X)^{\tau} = O$；第二，$\lim\limits_{\tau \to \infty}[I + X + (X)^2 + \cdots + (X)^{\tau}] = (I - X)^{-1}$。其中，$O$ 为零矩阵，I 为单位矩阵。

进一步地，构建间接影响矩阵 $Y = [y_{ij}]_{n \times n}$，其计算公式为

$$Y = \lim\limits_{\tau \to \infty}(X^2 + X^3 + \cdots + X^{\tau}) = X^2 (I - X)^{-1} \tag{4.2}$$

其中，y_{ij} 表示要素 C_i 对要素 C_j 的间接影响程度，$i, j \in N$，$i \neq j$。

在此基础上，可构建综合影响矩阵 $T = [t_{ij}]_{n \times n}$，其计算公式为

$$T = X + Y \tag{4.3}$$

其中，t_{ij} 表示要素 C_i 对要素 C_j 的综合影响程度，即直接影响程度和间接影响程度的总和。

分别集结矩阵 T 的行元素和列元素，可得到要素 C_i 的中心度 α_i 和原因度 β_i，其计算公式为

$$\alpha_i = \sum\limits_{j=1}^{n} t_{ij} + \sum\limits_{j=1}^{n} t_{ji}, \ i \in N \tag{4.4}$$

$$\beta_i = \sum\limits_{j=1}^{n} t_{ij} - \sum\limits_{j=1}^{n} t_{ji}, \ i \in N \tag{4.5}$$

这里，中心度 α_i 表示要素 C_i 对其他要素的影响程度和被其他要素影响程度

之和，其表明要素 C_i 在系统中所起作用的大小；原因度 β_i 为要素 C_i 对其他要素的影响程度和被其他要素影响程度之差，若原因度 $\beta_i > 0$，则其表明要素 C_i 影响其他要素，为原因型要素；若原因度 $\beta_i < 0$，则其表明要素 C_i 受其他要素影响，为结果型要素。

通过以上信息的处理，可以判断要素之间的关联关系，以及对系统整体的影响程度。通过计算各要素的中心度可判定各要素在系统中的重要程度，还可以根据各要素原因度的大小，确定各要素的分类，为企业管理者提供决策支持。

4.3.2 针对要素重要性的专家评价方法

为了能够识别出价值链视角下商业模式选择的关键要素，可以拟邀请从事商业模式选择方面研究的资深学者、企业高层管理者以及从事企业战略分析的高级咨询顾问，共同组成了专家委员会（F_1，F_2，…，F_s），针对现实中企业的具体情况，对表4.1中的价值链视角下的商业模式构成要素进行重要性评价与分析。

本书拟采用现场调查的方式，对价值链视角下商业模式选择的关键要素进行初步筛选，主要步骤如下：

（1）拟向专家委员会的每位专家介绍现实中具体企业的实际情况，并发放一份价值链视角下商业模式构成要素的列表；

（2）向专家们介绍价值链视角下商业模式构成要素和商业模式选择的相关概念以及这次调查活动的目的、意义、成果价值；

（3）接受专家委员会针对调查问卷的询问，对调查问卷中专家不清楚的信息和内容进行探讨，拟将专家们给出的合理的调整意见吸纳到调查问卷中；

（4）由专家委员会的各位专家对已达成一致意见的调查问卷进行填写，根据调查问卷中价值链视角下商业模式构成要素的重要程度，从语言评价短语集合 $H = \{H_0 = \text{VB}（非常不重要），H_1 = \text{B}（不重要），H_2 = \text{L}（一般），H_3 = \text{G}（重要），H_4 = \text{VG}（非常重要）\}$ 中选择相应语言短语 H_b 进行评价；

（5）回收调查问卷，对调查问卷展开分析，汇总整理调查结果。

这里需要指出的是，在现场调查过程中，假设专家委员会能够对调查问卷进行充分探讨，且各位专家对价值链视角下商业模式的构成要素及商业模式的选择的理论基础和实际背景都比较熟知和了解，因而每位专家对所有商业模式构成要素的理解没有偏差，能够对构成要素的重要性给出客观而合理的判断。下面给出针对专家评价结果的统计分析方法。

首先，依据语言评价短语与其下标值的对应关系，将语言评价短语 H_b 转化为其对应的下标值 b，$b \in V$，并运用算术平均方法，将专家 F_o 给出的构成要素 C_i 的重要程度评价值 e_i^o 进行集结，计算出构成要素 C_i 的重要程度评价值的平均值 e_i。这里，考虑到专家委员会中的专家在商业模式选择领域的能力和水平都比较接近，因而假设各专家 F_1，F_2，$\cdots$，F_s 的重要程度相同。具体公式为

$$e_i = \frac{1}{s} \sum_{o=1}^{s} e_i^o，\ i \in N \tag{4.6}$$

然后，计算商业模式构成要素 C_i 的重要程度评价值的标准差 a_i，其计算公式为

$$a_i = \frac{1}{s} \sum_{o=1}^{s} \sqrt{(e_i^o - e_i)^2}，\ i \in N \tag{4.7}$$

依据上述方法计算针对该企业的价值链视角下商业模式构成要素的重要程度评价的平均值和标准差，向专家展示统计结果，并且针对构成要素得分出现的偏差进行讨论和分析，若专家委员会对构成要素重要程度评价值的平

均值$\geqslant\theta$，则相应的构成要素被选出。需要指出的是，θ是由专家委员会根据企业的具体情况共同讨论确定的，被选出的商业模式构成要素集合记为$D=\{D_1, D_2, \cdots, D_q\}$，其中$D_k$、$D_l$表示被选出的第$k$和第$l$个商业模式构成要素，$k, l\in Q$，$Q=\{1, 2, \cdots, q\}$，显然$D\subset C$。

4.3.3 基于 DEMATEL 方法的关键要素识别

这里要解决的问题是：从初步筛选出的商业模式构成要素集合D中识别出价值链视角下商业模式选择的关键要素。下面给出具体的基于 DEMATEL 方法的关键要素识别方法。

首先，根据语言评价短语与其下标值的对应关系，将评价商业模式构成要素间关联强弱的语言评价短语Z_r转化为其对应的下标值r，$r\in U$，并运用算术平均方法，将各专家F_1，F_2，$\cdots$，F_s针对商业模式构成要素集合D给出的构成要素间的直接影响矩阵$P_o=[p_{kl}^o]_{q\times q}$集结为直接影响群体矩阵$G=[g_{kl}]_{q\times q}$，其中，矩阵中元素$g_{kl}$的计算公式为

$$g_{kl}=\frac{1}{s}\sum_{o=1}^{s}p_{kl}^o\ ,\ k, l\in Q \tag{4.8}$$

其次，运用 DEMATEL 方法[133-135]，依据式（4.1）将$G=[g_{kl}]_{q\times q}$进行规范化处理，得到规范化的直接影响群体矩阵$X=[x_{kl}]_{q\times q}$。

然后，依据式（4.2）构建商业模式构成要素间接影响矩阵$Y=[y_{kl}]_{q\times q}$。

进一步地，依据式（4.3）集结规范化后的直接影响群体矩阵$X=[x_{kl}]_{q\times q}$和间接影响矩阵$Y=[y_{kl}]_{q\times q}$，构建商业模式构成要素综合影响矩阵$T=[t_{kl}]_{q\times q}$，其中，t_{kl}表示要素D_k与D_l的直接影响和间接影响程度的总和，即综合影响程度，$k, l\in Q$。

接下来，依据式（4.4）集结矩阵 $T = \left[t_{kl} \right]_{q \times q}$ 中的行元素和列元素，可得到构成要素的中心度 α_k。

最后，为了提取价值链视角下商业模式选择的关键要素，可预先确定中心度提取阈值 ξ，其计算公式为

$$\xi = \psi \times \max \left\{ \alpha_k \mid k \in Q \right\} \tag{4.9}$$

其中，ψ 表示商业模式构成要素最大中心度百分比，$0 < \psi \leqslant 1$，其取值由专家委员会依据企业管理者以及决策分析者的主观意愿、经验或历史数据确定，ψ 越大，其表明所提取关键要素的中心度越高，相应地提取关键要素的数量越少。

当满足 $\alpha_k \geqslant \xi$ 时，相应的商业模式构成要素 D_k 将被提取，作为价值链视角下商业模式选择的关键要素。为便于后续章节的表述，设 $\partial \in \{ \mathrm{I}, \mathrm{II}, \cdots, \zeta \}$ 为以罗马数字形式表示的商业模式关键要素上标集合，ζ 表示商业模式关键要素的总个数。则商业模式关键要素集合可以表示为 $H = \{ H^{\mathrm{I}}, H^{\mathrm{II}}, \cdots, H^{\zeta} \}$，其中 H^{χ} 表示第 χ 个商业模式关键要素，$\chi \in \partial$，$H^{\chi} = \{ D_k \mid \alpha_k \geqslant \xi, k \in Q \}$，显然，$H \subset D$。

4.4 本章小结

本章围绕价值链视角下商业模式选择的关键要素识别问题进行了研究。首先，给出了价值链视角下商业模式选择的关键要素识别问题的形式化描述，然后给出了一种基于文献计量分析的商业模式构成要素筛选方法和基于德尔菲法的商业模式构成要素的修正方法，在此基础上，给出了一种基于 DEMA-TEL 方法的商业模式关键要素识别方法。

在提出的基于文献计量分析的商业模式构成要素筛选方法中，对有关商业模式构成要素的文献进行了检索和分析，综合考虑了学者们在不同研究中给出的商业模式构成要素，进一步确定了本书关注的价值链视角下商业模式的构成要素。在提出的基于德尔菲法的商业模式构成要素的修正方法中，考虑了不同学者在不同研究中对商业模式构成要素提法和命名略有不同而含义却相同的实际情况，采用德尔菲法对基于文献计量分析筛选出的价值链视角下的商业模式构成要素进行修正。在提出的基于 DEMATEL 方法的商业模式关键要素识别方法中，考虑了不同的构成要素对企业商业模式选择的重要性存在差异，且构成要素间存在着相互影响的关联效应，在邀请专家委员会的专家们针对构成要素重要性给出评价与分析的基础上，考虑构成要素间的关联关系进行价值链视角下商业模式选择的关键要素识别。

本章提出的方法较好地解决了价值链视角下商业模式选择的关键要素识别问题，不仅丰富了相关研究成果，而且还能较好地应用于解决实际中的商业模式关键要素选择问题。

第 5 章

基于相似案例分析的商业模式
关键要素选项确定方法

由第 3 章给出的价值链视角下基于关键要素的商业模式选择问题的描述和相关的研究框架可知，在价值链视角下商业模式的关键要素识别的基础上，基于相似案例分析的商业模式关键要素选项的确定是价值链视角下基于关键要素的商业模式选择的核心环节之一。本章将围绕基于相似案例分析的商业模式关键要素选项确定方法进行研究，首先对相关的预备知识进行简要说明，然后给出基于相似案例分析的商业模式关键要素选项的确定问题的描述，并给出相关符号说明，进一步地，给出商业模式历史相似案例的提取方法，最后确定备选商业模式关键要素选项。

5.1 预 备 知 识

本节主要对基于相似案例分析的商业模式关键要素选项（即针对关键要

素的具体表现形式）的确定中所涉及的相关预备知识进行说明，首先对基于案例的推理方法或案例推理理论（CBR）的基本思想与基本模型进行说明，然后对二元语义表示模型进行说明，最后对信息熵的概念及相关计算公式进行说明。

5.1.1 CBR 概述

基于案例的推理方法或案例推理理论（case-based reasoning，CBR）源于人类的认知心理活动，是一种模仿人类推理和思考过程的方法论，也是一种学习理论。例如，当人们在解决复杂、不确定性问题时，往往会借助以前解决类似问题所积累的经验和方法，然后运用这些经验和方法来解决当前的问题[146]。CBR 赋予了一些关于认知与学习的新观点，而且产生了许多关于促进经验学习的建议，在此基础上，CBR 能将不同情况下的经验和知识整合在一个案例库中，能够为企业管理者以及决策分析者提供多个可参考的推理结果[147]。下面对 CBR 进行系统的阐述，主要包括其基本思想与基本模型。

1. CBR 的基本思想。

CBR 侧重于模拟人脑的思维方式，主要采用了类比推理的思想，通过改编那些解决旧问题的方案来尝试解决当前的新问题，其理论建立在两个前提基础上：第一，世界是规则的，即相似的问题有相似的求解方法和过程；第二，人们遇到的（相似的）问题或事物总会重复出现的。所以，CBR 的基本思想是：人们在遇到新问题时，常常会回忆过去积累下来的类似情况的处理方案，通过对过去类似情况的处理方案的适当修改来解决当前遇到的新问题。过去的类似情况及其处理方案被称之为案例。案例可以被用来评价新问题或探索新问题的求解方案，并且对可能产生的错误或偏差进行有效的预防[148]。

2. CBR 的 4R 模型。

在运用 CBR 解决当前所面临的新问题时，将需要解决的新问题视为目标案例，而把已发生的类似案例视为历史案例。CBR 旨在根据目标案例的特征及特点，从案例库中找到相应的历史案例，并由历史案例来指导目标案例寻求解决方案的过程。为了找到目标案例的解决方案，在案例库中存在大量历史案例的情况下，通常采用阿莫特（Aamodt）和普拉萨（Plaza）[146] 提出的 4R 模型来表达 CBR 的求解过程，如图 5.1 所示。由图 5.1 可以看出，CBR 的 4R 模型包含了案例检索（retrieve）、案例重用（reuse）、案例调整（revise）和案例保存（retain）四个步骤。现在将各个步骤的作用说明如下。

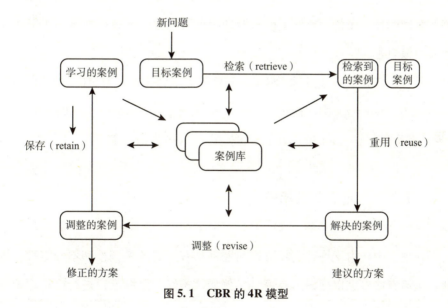

图 5.1 CBR 的 4R 模型

（1）案例检索。当遇到新的问题时，根据新问题的相关信息从案例库中检索出与之相似的源案例集。在该过程中，主要是确定相似度的算法，以提高检索的准确度，使检索出的源案例与目标案例最相近。

（2）案例重用。案例重用是将检索出来的相似源案例中的解决方案应用到解决当前的问题（目标案例），并观察其应用效果，如果完全符合就不必进行案例的调整。

（3）案例调整。根据案例重用的效果并结合当前问题对检索到的相似源案例的解决方案进行调整，以适合当前的问题。由于实际问题中，相似源案例很难全部满足目标案例的需求，案例调整就是针对相似源案例与目标案例不符合的部分进行修正。

（4）案例保存。案例保存是将经过修改与调整之后、满足目标案例需求的完整的新案例视为源案例并存入到数据库中，以备将来使用。案例保存能够使案例库日趋完整，方便了以后遇到相似问题时能够更好地重用源案例和解决相似问题。

另外，CBR 有时会根据求解实际问题的需要而被扩展为 5R 模型，即由案例表示（represent）、案例检索（retrieve）、案例重用（reuse）、案例调整（revise）和案例保存（retain）五个步骤构成 CBR 的生命周期[151]。

5.1.2　二元语义表示模型

在现实中，由于许多实际决策问题都具有一定的模糊性和不确定性，因此，决策者或专家以模糊语言短语（例如，较好、很强等）进行简单评价的情形最为常见。然而，传统的语言信息处理方法在解决语言运算或处理中会产生信息缺失这一问题。鉴于此，西班牙的埃雷拉（Herrera）教授于 2000 年首次提出了二元语义[149]这一描述语言评价信息的新方法，这种方法可有效避免模糊语言评价信息集结和运算中出现的信息损失和扭曲问题，也使模糊语言信息计算结果更为精确[149]。

设 S 是一个预先定义好的，由奇数个元素构成的有序语言短语集合，记 $S = \{S_0, S_1, \cdots, S_n\}$，其中，$S_i$ 表示第 i 个语言短语，$i \in \{0, 1, \cdots, n\}$，$n+1$ 表示集合 S 中元素的个数。通常情况下，要求 S 满足如下性质[150]：

①有序性。当 $i \geqslant j$ 时，有 $S_i' \geqslant 'S_j$，其中，$'\geqslant'$ 表示好于或等于；

②存在逆运算算子 neg。当 $j = n - i$ 时，有 $\text{neg}(S_i) = S_j$；

③存在极大化运算。当 $S_i' \geqslant 'S_j$ 时，有 $\max\{S_i, S_j\} = S_i$；

④存在极小化运算。当 $S_i' \leqslant 'S_j$ 时，有 $\min\{S_i, S_j\} = S_i$，其中，$'\leqslant'$ 表示劣于或等于。

二元语义表示模型是建立在符号转换的概念基础之上的[149,151]。一个语言短语可以被表示为一个二元组 (S_i, α)，其中，S_i 表示集合 S 中的语言短语，α 为符号转移值，且 $\alpha \in [-0.5, 0.5)$。根据文献[149,151]，下面介绍一下二元语义的相关定义，

定义 5.1 语言短语 S_i 对应的二元语义可通过下面的转换函数 θ 得到。

$$\theta: S \rightarrow S \times [-0.5, 0.5) \tag{5.1a}$$

$$\theta(S_i) = (S_i, 0), \ S_i \in S \tag{5.1b}$$

定义 5.2 设 β 为语言短语集结运算得到的实数，$\beta \in [0, n]$，则称 (S_i, α) 为与 β 相应的二元语义，它可由如下函数 Δ 得到。

$$\Delta: [0, n] \rightarrow S \times [-0.5, 0.5) \tag{5.2a}$$

$$\Delta(\beta) = (S_i, \alpha) = \begin{cases} S_i, \ i = \text{round}(\beta) \\ \alpha = \beta - i, \ \alpha \in [-0.5, 0.5) \end{cases} \tag{5.2b}$$

式 (5.2b) 中，"round" 表示 "四舍五入" 取整运算；S_i 为 S 中第 i 个元素；α 为符号转移值，它表示 S_i 与 $\Delta(\beta)$ 的偏差。

定义 5.3 设 (S_i, α) 是一个二元语义，其中，S_i 为 S 中第 i 个元素，

$\alpha \in [-0.5, 0.5)$，则存在一个逆函数 Δ^{-1}，可以将二元语义 (S_i, α) 转化为相应的数值 β，$\beta \in [0, n]$，可由下式得到。

$$\Delta^{-1}: S \times [-0.5, 0.5) \rightarrow [0, n] \tag{5.3a}$$

$$\Delta^{-1}(S_i, \alpha) = i + \alpha = \beta \tag{5.3b}$$

假设 (S_i, α_1) 和 (S_j, α_2) 为任意两个二元语义，针对这两个二元语义的运算，应满足如下的性质[151]：

①存在比较算子。若 $i < j$，则 $(S_i, \alpha_1) '<' (S_j, \alpha_2)$，表明 (S_i, α_1) 劣于 (S_j, α_2)，其中，'<'表示劣于；若 $i = j$，则：

如 $\alpha_1 = \alpha_2$，则 $(S_i, \alpha_1) '=' (S_j, \alpha_2)$，表明 (S_i, α_1) 等于 (S_j, α_2)，其中，'='表示等于；如 $\alpha_1 < \alpha_2$，则 $(S_i, \alpha_1) '<' (S_j, \alpha_2)$，表明 (S_i, α_1) 劣于 (S_j, α_2)；如 $\alpha_1 > \alpha_2$，则 $(S_i, \alpha_1) '>' (S_j, \alpha_2)$，表明 (S_i, α_1) 优于 (S_j, α_2)，其中，'>'表示优于。

②存在逆运算算子，$\text{neg}((S_i, \alpha)) = \Delta(n - (\Delta^{-1}(S_i, \alpha)))$。

③存在极大化运算。当 $(S_i, \alpha_1) '\geq' (S_j, \alpha_2)$ 时，有 $\max\{(S_i, \alpha_1), (S_j, \alpha_2)\} = (S_i, \alpha_1)$。

④存在极小化运算。当 $(S_i, \alpha_1) '\geq' (S_j, \alpha_2)$ 时，有 $\min\{(S_i, \alpha_1), (S_j, \alpha_2)\} = (S_j, \alpha_2)$。

为便于进行二元语义的集结，下面分别给出二元语义算术平均算子[151]和二元语义加权平均算子[151]的定义。

定义 5.4 假设 (S_1, α_1)，(S_2, α_2)，$\cdots$，(S_n, α_n) 是一组需要被集结的二元语义，二元语义算数平均算子被定义为[151]

$$\overline{B} = (\overline{S}, \overline{\alpha}) = \Delta\left(\frac{1}{n}\sum_{i=1}^{n}[\Delta^{-1}(S_i, \alpha_i)]\right), \quad \overline{S} \in S, \quad \overline{\alpha} \in [-0.5, 0.5)$$

$$\tag{5.4}$$

定义 5.5　假设 (S_1, α_1)，(S_2, α_2)，$\cdots$，(S_n, α_n) 是一组需要被集结的二元语义，而 $W = ((w_1, \alpha_1'), (w_2, \alpha_2'), \cdots, (w_n, \alpha_n'))$ 为对应的二元语义形式的权重向量，其中，$w_i \in S$，$\alpha_i' \in [-0.5, 0.5)$，二元语义加权平均算子被定义为[151]

$$\hat{B} = (\hat{S}, \hat{\alpha}) = \Delta \left(\frac{\sum_{i=1}^{n} [\Delta^{-1}(w_i, \alpha_i') \times \Delta^{-1}(S_i, \alpha_i)]}{\sum_{i=1}^{n} [\Delta^{-1}(w_i, \alpha_i')]} \right), \hat{S} \in S, \hat{\alpha} \in [-0.5, 0.5)$$

(5.5)

5.1.3　信息熵的概念及相关计算公式

香农（Shannon）于 1948 年提出了现代信息论的基本概念[152]，其目的是定量描述通信过程中数据传输和储存开销，是现代通信工程的理论基石之一[153]。信息熵（information entropy）是信息的基本单位，是一种描述随机变量的分散程度的统计量[154]。由于信息熵能够被用来定量描述随机变量之间的不确定性并进行有效的计算，使得现代信息论在许多领域有着广泛的应用。下面将对信息熵进行简单的介绍。

设 X 是一个离散型随机变量，变量 X 取值为 x 的概率为 $p(x)$，那么可以用信息熵 $H(X)$ 来表示它的不确定程度，即

$$H(X) = -\sum_{x \in X} p(x) \times \log_b p(x)$$ (5.6)

其中，底数 b 取不同的值表示信息熵有不同的量纲。当 $b = 2$ 时，量纲为 bit（比特）；当 $b = e$（自然对底数）时，量纲为 nat（纳特），用换底公式可求得不同信息熵单位之间的换算关系，如 $1\text{nat} = 1/\ln 2\text{bit} \approx 1.4427\text{bit}$。信息熵越大，表示变量的离散程度越高。同时，信息熵也表示描述一个变量所需要的

信息量，信息熵越大，描述该变量需要的信息越多。

通常，信息熵的定义满足三项假设：

（1）连续性：$H(X)$ 随着 $p(x)$ 连续变化；

（2）单调性：若 X 的各种可能取值是等概率的，则随着可能取值数目的增加，$H(X)$ 单调增加；

（3）可加性：不同来源的信息可以相互叠加。

若 X 是一个连续型随机变量，其定义域为 Ω，$f(x)$ 表示其概率密度函数，则信息熵 $H(X)$ 可以表示为

$$H(X) = -\int_{\Omega} f(x) \times \log_b f(x) \, \mathrm{d}x \tag{5.7}$$

由式（5.6）和式（5.7）可知，信息熵只与变量的分布有关，而与变量本身无关，这说明信息熵可以成功避免噪声所带来的干扰。通常，对于连续型随机变量，可以通过离散化转变为离散的形式。此外，针对一个属性的信息熵越小，说明属性值的分布越不均匀，含有的信息量就越小，反之亦然。

5.2　问题描述及符号说明

本节针对基于相似案例分析的商业模式关键要素选项确定问题进行描述，同时给出相关符号说明。

5.2.1　问题描述

基于相似案例分析的商业模式关键要素选项确定问题，主要是提取

出与商业模式目标案例相似的商业模式历史案例，然后再从历史案例的商业模式描述中提取所需的关键要素选项（即针对商业模式关键要素的具体表现形式）。商业模式相似历史案例的提取，就是根据相关原理和方法从众多商业模式历史案例中，提取出与商业模式目标案例相似的历史案例，形成相似的商业模式历史案例集。一般情况下，包括商业模式历史案例与商业模式目标案例的属性相似度计算、历史案例与目标案例的案例相似度计算以及相似历史案例的筛选与相似历史案例集的构建等计算步骤。

目前，关于如何进行相似历史案例的提取的研究已引起一些学者的关注，并基于不同视角给出了相似历史案例的提取方法[155-158]，其中均涉及历史案例与目标案例的属性（局部）、案例（全局）相似度的计算，以及相似历史案例的筛选以及相似历史案例集的构建等主要步骤。这些方法为本书研究相似商业模式历史案例提取的研究提供了丰富的理论与方法支撑，但需要指出的是，已有的相关研究还存在一些不足之处。例如，现实中，由于客观事物的不确定性以及人类对信息的获取和处理能力的有限性，常常会遇到属性值（问题特征值）为语言型、符号型、数值型等多种信息形式，而已有关于历史案例与目标案例相似度计算的研究较少考虑这种情形。基于此，本书依据实际情况，考虑到现实中所有可能涉及的属性值（问题特征值）的信息形式，给出一种同时考虑语言型、符号型、数值型等信息形式的属性相似度计算和案例相似度的计算方法，在此基础上，给出一种通过设置相似度阈值来筛选相似商业模式历史案例并构建相似历史案例集的方法，如图 5.2 所示。

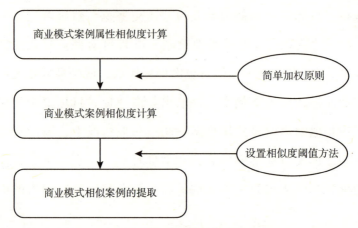

图 5.2　商业模式相似历史案例的提取方法

此外，为了便于提取商业模式相似案例，还需要明确商业模式的案例表示，也就是将相关案例按照统一格式进行结构化表示。采用适当形式进行案例的表示是运用基于相似案例分析的决策方法的前提和基础。通常，恰当的案例表示，既可以提高案例提取、重用的效果和效率，又能保证决策分析结果质量。因此，如何进行商业模式的案例表示是一个值得关注的研究问题。

目前，关于案例表示的研究已引起一些学者的关注，并基于不同视角给出了案例表示的方法，如基于记忆网络的表示方法[159]、基于谓词逻辑的表示方法[160]、基于因果关系图的表示方法[161]、面向对象的表示方法[162]、基于概率的案例表示方法[163]、基于框架的表示方法[164]、基于关系数据库的表示方法[165]以及基于全文本的表示方法[166]等。上述方法为本书商业模式案例表示的研究提供了丰富的理论与方法支撑，但对基于相似案例分析的商业模式关键要素选项确定方法来说，案例表示不仅是商业模式案例的描述方法，更为重要的是商业模式案例描述中所包含或涉及的内容。具体地，商业模式案例的描述与表示应该满足两个要求：一是有用性要求，即所选取的商业模式案例应该是实际发生的，对有类似情形的商业模式选择问题具有参考价值和指导意义，对当前遇到的具有复杂特征的商业模式选择问题的解决具有启发性；二是抽象性与具体性要求，即一个商业模式选择的案例是在特定决策环境或情景下，其应该包括该商业模式选择问题以及进行商业模式选择的全过程的抽象性描述。对于收集到的商业模式选择的案例而言，这些案例应该是具有类似结构的，即类似的商业模式关键要素，同时其内容的描述应该是具体的，即商业模式关键要素选项可以具体刻画出商业模式关键要素在具体企业中的表现形式，这样能够便于发现和利用它们的共性特征，进而有效指导当前的商业模式选择问题的解决。

关于案例表示的相关研究，已有的基于 CBR 的决策方法中涉及的案例表示为本书的研究提供了可借鉴的地方，即一个决策案例通常被表示为包含"问题的描述"和"针对问题的解决方案的描述"的一个有序对，其中关于问题的描述是通过若干问题的属性特征来进行的，而关于针对问题的解决方案的描述视情况而定，既可通过若干方案属性特征来进行刻画，也可描述为一个包含若干参数或若干子方案的方案集合。基于此，本书则是借鉴 CBR 中案例表示的思想，给出商业模式的案例表示方法。

商业模式的案例一般分为两种，即历史案例和目标案例，其中历史案例为收集到的相似的企业商业模式案例，而目标案例则是由当前的企业商业模式选择问题设定的。商业模式的历史案例和目标案例都可用三元组形式进行表示，即商业模式案例 =〈企业外部环境描述，企业内部环境描述，采用的商业模式描述〉。

本章要解决的问题是，如何利用统一结构化表示的目标案例和收集到的商业模式历史案例，通过有效的方法提取出相似历史案例集，并在此基础上确定备选商业模式关键要素。

5.2.2 符号说明

为了解决商业模式关键要素属性选项确定问题，现将本章使用的相关符号进行定义与说明：

- $N = \{1, 2, \cdots, n\}$：对应于商业模式历史案例的下标集合，其中，n 表示历史案例的总个数。

- $A = \{A_1, A_2, \cdots, A_n\}$：商业模式历史案例集合，其中，$A_i$ 表示第 i 个商业模式历史案例，即 $A_i = \langle V_i, E_i, B_i \rangle$，$V_i$ 表示商业模式历史案例 A_i 的企业外部环境描述，E_i 表示商业模式历史案例 A_i 的企业内部环境描述，B_i 表示商业模式历史案例 A_i 采用的商业模式描述，$i \in N$。

- A^*：商业模式目标案例，即 $A^* = \langle V^*, E^*, B^* \rangle$，其中，$V^*$ 表示商业模式目标案例 A^* 的企业外部环境描述，E^* 表示商业模式目标案例 A^* 的企业内部环境描述，B^* 表示针对商业模式目标案例 A^* 的商业模式选择问题（即企业外部环境描述 V^* 和企业内部环境描述 E^*）采用的商业模式。这里需要说明的是，商业模式 B^* 需要依据本书提出的方法进行生成。

- $M = \{1, 2, \cdots, m\}$：对应于企业外部环境描述属性的下标集合，其中 m 表示企业外部环境描述属性的总个数。

- $C^V = \{C_1^V, C_2^V, \cdots, C_m^V\}$：企业外部环境描述的属性集，其中 C_j^V 表示企业外部环境描述的第 j 个属性，$j \in M$。

- $w^V = \{w_1^V, w_2^V, \cdots, w_m^V\}$：企业外部环境描述的属性权重向量，其中，$w_j^V$ 表示属性 C_j^V 的权重或重要程度，满足 $w_j^V \geq 0$ 且 $\sum\limits_{j \in M} w_j^V = 1$。

- $\tilde{p}_i = (p_{i1}, p_{i2}, \cdots, p_{im})$：针对历史案例 A_i 的企业外部环境描述 V_i 的

属性值向量，其中，p_{ij} 表示企业外部环境描述 V_i 对应于属性 C_j^V 的属性值，$i \in N$，$j \in M$。

- $\tilde{q} = (q_1, q_2, \cdots, q_m)$：针对目标案例 A^* 的企业外部环境描述 V^* 的属性值向量，其中 q_j 表示企业外部环境描述 V^* 对应于属性 C_j^V 的属性值，$j \in M$。

- $G = \{1, 2, \cdots, g\}$：对应于企业内部环境描述属性的下标集合，其中 g 表示企业内部环境描述属性的总个数。

- $C^E = \{C_1^E, C_2^E, \cdots, C_g^E\}$：企业内部环境描述的属性集，其中 C_l^E 表示企业内部环境描述的第 l 个属性，$l \in G$。

- $w^E = \{w_1^E, w_2^E, \cdots, w_g^E\}$：企业内部环境描述的属性权重向量，其中，$w_l^E$ 表示属性 C_l^E 的权重或重要程度，满足 $w_l^E \geq 0$ 且 $\sum_{l \in G} w_l^E = 1$。

- $\tilde{r}_i = (r_{i1}, r_{i2}, \cdots, r_{ig})$：针对商业模式历史案例 A_i 的企业内部环境描述 E_i 的属性值向量，其中，r_{il} 表示企业内部环境描述 E_i 对应于属性 C_l^E 的属性值，$i \in N$，$l \in G$。

- $\tilde{d} = (d_1, d_2, \cdots, d_g)$：针对商业模式目标案例 A^* 的企业内部环境描述 E^* 的属性值向量，其中，d_l 表示企业内部环境描述 E^* 对应于属性 C_l^E 的属性值，$l \in G$。

- $H = \{1, 2, \cdots, h\}$：对应于商业模式描述属性的下标集合，其中，h 表示商业模式描述属性的总个数。

- $C^B = \{C_1^B, C_2^B, \cdots, C_h^B\}$：商业模式描述的属性集，商业模式描述是由多个属性，即商业模式构成要素（关键要素）来进行刻画的，其中，C_k^B 表示商业模式描述的第 k 个属性，$k \in H$。

- $\tilde{\phi}_i = (\phi_{i1}, \phi_{i2}, \cdots, \phi_{ih})$：针对商业模式历史案例 A_i 的商业模式描述 B_i 的属性值向量，其中，ϕ_{ik} 表示商业模式描述 B_i 对应于属性 C_k^B 的属性值，

$i \in N$，$k \in H$。

• $Z = \{1, 2, \cdots, z\}$：针对参与商业模式案例的属性权重确定的专家的下标集合，其中 z 表示参与商业模式案例的属性权重确定的专家的总个数。

• $F = \{F_1, F_2, \cdots, F_z\}$：参与商业模式案例的属性权重确定的专家集合，其中，F_τ 表示第 τ 个专家，$\tau \in Z$，这里假设每个专家的权重相等。

• $U = \{0, 1, \cdots, u\}$：评价属性 C_j^V 和属性 C_l^E 重要程度的语言评价短语的下标集合，其中 $u + 1$ 表示语言评价短语的总个数。例如，当 $u = 4$ 时，表示共有 5 个语言评价短语。

• $S = \{S_0, S_1, \cdots, S_u\}$：用于评价企业外部环境描述属性和企业内部环境描述属性重要程度的语言评价短语集合，其中，S_η 表示第 η 个语言短语，$\eta \in U$。这里可以考虑语言评价短语集合为 $S = \{S_0 = VB$（非常不重要），$S_1 = B$（不重要），$S_2 = L$（一般），$S_3 = G$（重要），$S_4 = VG$（非常重要）$\}$。

商业模式历史案例 A_i 和商业模式目标案例 A^* 所涉及的企业外部环境、企业内部环境、商业模式的属性（值）描述信息如表 5.1 所示。

表 5.1　　　　商业模式历史案例和商业模式目标案例的形式化表示

历史目标案例	企业外部环境				企业内部环境				采用的商业模式			
	C_1^V	C_2^V	$\cdots$	C_m^V	C_1^E	C_2^E	$\cdots$	C_g^E	C_1^B	C_2^B	$\cdots$	C_h^B
A_1	p_{11}	p_{12}	$\cdots$	p_{1m}	r_{11}	r_{12}	$\cdots$	r_{1g}	ϕ_{11}	ϕ_{12}	$\cdots$	ϕ_{1h}
A_2	p_{21}	p_{ij}	$\cdots$	p_{2m}	r_{21}	r_{22}	$\cdots$	r_{2g}	ϕ_{21}	ϕ_{22}	$\cdots$	ϕ_{2h}
$\vdots$	$\vdots$	$\vdots$	$\ddots$	$\vdots$	$\vdots$	$\vdots$	$\ddots$	$\vdots$	$\vdots$	$\vdots$	$\ddots$	$\vdots$
A_n	p_{n1}	p_{n2}	$\cdots$	p_{nm}	r_{n1}	r_{n2}	$\cdots$	r_{ng}	ϕ_{n1}	ϕ_{n2}	$\cdots$	ϕ_{nh}
A^*	q_1	q_2	$\cdots$	q_m	d_1	d_2	$\cdots$	d_g	X			
权重	w_1^V	w_2^V	$\cdots$	w_m^V	w_1^E	w_2^E	$\cdots$	w_g^E	—			

注：表中 X 表示未知数，也是本书待求解的。

这里需要说明的是，关于商业模式历史案例和商业模式目标案例涉及的特征或属性，以及这些特征或属性的权重都是需要进一步具体确定的，这些工作将在本书后续章节展开。

5.3 商业模式历史相似案例的提取

本节针对商业模式相似历史案例提取问题进行研究，首先给出商业模式历史案例和商业模式目标案例属性权重的确定方法，然后给出商业模式案例属性相似度及商业模式案例相似度的计算方法，在此基础上，通过设置相似度阈值给出商业模式相似历史案例的提取及相似案例集的构建方法。

5.3.1 属性权重的确定

通过大量文献分析，确定属性权重的方法主要有三种：一是客观赋权法[167-169]，如熵值法、DEMATEL 法，该类方法主要是依据构建的客观信息决策矩阵，通过数学运算来确定属性权重，其优点是在一定程度上避免了确定权重的人为主观因素，缺点在于对指标的具体经济意义重视不够；二是主观赋权法[170,171]，如专家调查法、AHP 法等，该类方法主要是通过决策分析者或专家对属性的重视程度而形成权重的一种方法，但在属性权重确定是缺乏使用客观信息；三是主客观结合权重法[172]，该类方法一般是主、客观赋权法的综合或集成，也是目前学术界和企业界普遍认可的一种权重确定方法。鉴于此，本书将给出一种综合考虑主客观因素的属性权重的确定方法。

为了便于描述本节所考虑的属性权重确定问题以及分析和计算，设 $N' =$

$\{1, 2, \cdots, n+1\}$。将商业模式历史案例 A_1，A_2，$\cdots$，A_n 的企业外部环境描述的属性值向量 $\tilde{p}_1 = (p_{11}, p_{12}, \cdots, p_{1m})$，$\tilde{p}_2 = (p_{21}, p_{22}, \cdots, p_{2m})$，$\cdots$，$\tilde{p}_n = (p_{n1}, p_{n2}, \cdots, p_{nm})$ 和商业模式目标案例 A^* 的企业外部环境描述的属性值向量 $\tilde{q} = (q_1, q_2, \cdots, q_m)$ 重新整理为对应于企业外部环境描述的属性集 C^V 的表达形式，设 $T = [t_{i'j}]_{(n+1) \times m}$ 表示整理后的属性值矩阵，即商业模式历史案例 A_1，A_2，$\cdots$，A_n 和商业模式目标案例 A^* 关于属性 C_1^V，C_2^V，$\cdots$，C_m^V 的属性值矩阵，$i' \in N'$，$j \in M$。将商业模式历史案例 A_1，A_2，$\cdots$，A_n 的企业内部环境描述的属性值向量 $\tilde{r}_1 = (r_{11}, r_{12}, \cdots, r_{1g})$，$\tilde{r}_2 = (r_{21}, r_{22}, \cdots, r_{2g})$，$\cdots$，$\tilde{r}_n = (r_{n1}, r_{n2}, \cdots, r_{ng})$ 和商业模式目标案例 A^* 的企业内部环境描述的属性值向量 $\tilde{d} = (d_1, d_2, \cdots, d_g)$ 重新整理为对应于属性集合 C^E 表达形式，设 $X = [x_{i'l}]_{(n+1) \times g}$ 表示整理后的属性值矩阵，即商业模式历史案例 A_1，A_2，$\cdots$，A_n 和商业模式目标案例 A^* 关于属性 C_1^E，C_2^E，$\cdots$，C_g^E 的属性值矩阵，$i' \in N'$，$l \in G$。这里给出基于企业外部环境描述和企业内部环境描述的属性权重确定方法。

1. 主观权重的确定。

（1）基于企业外部环境描述的属性主观权重。

首先，由专家 F_τ 从语言评价短语集合 S 中选择一个语言短语来描述属性 C_j^V 的重要程度，记为 $v_{\tau j}^V$，这样，可构建专家 F_τ 针对属性 C_j^V 的重要程度评价值向量 $v_\tau^V = (v_{\tau 1}^V, v_{\tau 2}^V, \cdots, v_{\tau m}^V)$，$\tau \in Z$，$j \in M$。依据式（5.1），将语言短语形式的评价值 $v_{\tau j}^V$ 转化为其对应的二元语义形式的评价值 $\tilde{v}_{\tau j}^V$，$\tilde{v}_{\tau j}^V = (v_{\tau j}^V, 0)$，$\tau \in Z$，$j \in M$。

然后，将所有专家针对属性 C_j^V 给出的二元语义形式的评价值 $\tilde{v}_{\tau j}^V$ 进行集结，$\tau \in Z$，$j \in M$，可得到二元语义形式的属性 C_j^V 的重要程度的群体评价值，

记为 $\tilde{v}_j^{V}$，其计算公式为

$$\tilde{v}_j^{V} = (v_j^{V}, \ \alpha_j) = \Delta \left(\frac{1}{z} \sum_{\tau \in Z} \Delta^{-1}(v_{\tau j}^{V}, 0) \right), \ v_j^{V} \in S, \ \alpha_j \in [-0.5, \ 0.5), \ j \in M$$

$$(5.8)$$

这样，便可得到二元语义形式的关于属性 C_1^{V}，C_2^{V}，$\cdots$，C_m^{V} 的重要程度主观评价值向量，记为 $\tilde{v}^{V} = (\tilde{v}_1^{V}, \ \tilde{v}_2^{V}, \ \cdots, \ \tilde{v}_m^{V})$。

进一步地，可计算出关于属性 C_1^{V}，C_2^{V}，$\cdots$，C_m^{V} 的主观权重向量为 $v^{V} = (v_1^{V}, \ v_2^{V}, \ \cdots, \ v_m^{V})$，其中 v_j^{V} 表示属性 C_j^{V} 的权重或重要程度，其计算公式为

$$v_j^{V'} = \frac{\Delta^{-1}(v_j^{V}, \ \alpha_j)}{\sum\limits_{j=1}^{m} \Delta^{-1}(v_j^{V}, \ \alpha_j)}$$

$$(5.9)$$

（2）基于企业内部环境描述的属性客观权重。

与企业外部环境描述类似，利用上述给出的方法可计算出关于企业内部环境描述属性 C_1^{E}，C_2^{E}，$\cdots$，C_g^{E} 的主观权重向量为 $v^{E} = (v_1^{E'}, \ v_2^{E'}, \ \cdots, \ v_g^{E'})$，其中 $v_l^{E'}$ 表示属性 C_l^{E} 的权重或重要程度，为节省篇幅，具体计算过程不再赘述。

2. 客观权重的确定。

由于历史案例和目标案例的属性值可能会涉及多种信息形式，为了能够便于对不同信息进行处理和集结，这里考虑运用信息熵理论对其进行处理。下面，针对企业外部环境描述和企业内部环境描述属性的不同信息形式的属性值，分别给出关于其相应属性信息熵的计算方法。

（1）基于企业外部环境描述的属性客观权重确定。

依据企业现实情况，针对企业外部环境描述属性值 C_j^{V} 一般考虑符号型和语言型两种形式。

当属性值 $t_{i'j}$ 为符号型时，其通常可由一些取值类型表示，因此，可将对

应于属性值 $t_{i'j}$ 的属性 C_j^V 视为一个离散型随机变量，并统计出该属性下的所有取值类型出现的频率，并将频率视作概率，进而运用式（5.6），计算出关于属性 C_j^V 的信息熵值 $H(C_j^V)$。若记 ε_{j1}^V，ε_{j2}^V，…，$\varepsilon_{jy_j}^V$ 表示属性 C_j^V 下所有出现的取值类型，其中 $\varepsilon_{j\theta}^V$ 表示第 θ 个取值类型或关键词；记 $f(\varepsilon_{j1}^V)$，$f(\varepsilon_{j2}^V)$，…，$f(\varepsilon_{jy_j}^V)$ 为对应于 ε_{j1}^V，ε_{j2}^V，…，$\varepsilon_{jy_j}^V$ 的频率，并取自然数作为对数底数（本书均假定取自然数作为对数底数），则关于符号型属性 C_j^V 的信息熵值 $H(C_j^V)$ 的计算公式可被表示为

$$H(C_j^V) = -\frac{1}{\ln y_j} \sum_{\theta=1}^{y_j} f(\varepsilon_{j\theta}^V) \times \ln f(\varepsilon_{j\theta}^V) \text{，} j \in M \qquad (5.10)$$

显然，$H(C_j^V) \in [0, 1]$。

当属性值 $t_{i'j}$ 为语言型时，可通过式（5.1）~式（5.3）转化为二元语义形式，并进行相应的四则运算，换言之，模糊语言变量可以等同于隶属在某一取值空间的清晰数，这样，若属性值 $t_{i'j}$ 为模糊语言变量，则依据式（5.1）将其转化为二元语义形式的属性值，记为 $\tilde{t}_{i'j}$，$\tilde{t}_{i'j} = (t_{i'j}, 0)$。

接着，先将 $\tilde{t}_{i'j}$ 规范化为 $t'_{i'j}$（这里需要说明的是，模糊语言变量形式的属性值一般不为成本型），其规范化计算公式为

$$t'_{i'j} = \frac{\Delta^{-1}(t_{i'j}, 0) - \min_j \{\Delta^{-1}(t_{i'j}, 0)\}}{\max_j \{\Delta^{-1}(t_{i'j}, 0)\} - \min_j \{\Delta^{-1}(t_{i'j}, 0)\}} \text{，} i' \in N', j \in M \quad (5.11)$$

进一步地，可计算出关于语言型属性 C_j^V 的信息熵值 $H(C_j^V)$，其计算公式可表示为

$$H(C_j^V) = -\frac{1}{\ln(n+1)} \sum_{i'=1}^{n+1} \frac{t'_{i'j}}{\sum_{i'=1}^{n+1} t'_{i'j}} \times \ln \frac{t'_{i'j}}{\sum_{i'=1}^{n+1} t'_{i'j}} \text{，} j \in M \qquad (5.12)$$

假定当 $\dfrac{t'_{i'j}}{\sum_{i'=1}^{n+1} t'_{i'j}} = 0$ 时，$\dfrac{t'_{i'j}}{\sum_{i'=1}^{n+1} t'_{i'j}} \times \ln \dfrac{t'_{i'j}}{\sum_{i'=1}^{n+1} t'_{i'j}} = 0$。显然，$H(C_j^V) \in [0, 1]$。

综上所述，便可确定出关于企业外部环境描述属性 C_1^V，C_2^V，$\cdots$，C_m^V 的信息熵值 $H(C_1^V)$，$H(C_2^V)$，$\cdots$，$H(C_m^V)$。接着，记 $\gamma^V = (\gamma_1^{V'}$，$\gamma_2^{V'}$，$\cdots$，$\gamma_m^{V'})$ 表示关于企业外部环境描述属性 C_1^V，C_2^V，$\cdots$，C_m^V 的客观权重向量，其中 $\gamma_j^{V'}$ 表示 C_j^V 的客观权重，$\gamma_j^{V'}$ 具体计算公式为

$$\gamma_j^{V'} = \frac{1 - H(C_j^V)}{m - \sum_{j=1}^{m} H(C_j^V)} \, , \, j \in M \tag{5.13}$$

（2）基于企业内部环境描述的属性客观权重。

针对企业内部环境的属性值 C_l^E 一般考虑数值型形式。

首先，对其进行规范化。若 $x_{i'l}$ 对应的属性为效益型属性，则其规范化计算公式可表示为

$$x_{i'l}' = \frac{x_{i'l} - \min_l \{x_{i'l}\}}{\max_l \{x_{i'l}\} - \min_l \{x_{i'l}\}}, \, i' \in N', \, l \in G \tag{5.14}$$

若 $x_{i'l}$ 对应的属性为成本型属性，则其规范化计算公式可表示为

$$x_{i'l}' = \frac{\max_l \{x_{i'l}\} - x_{i'l}}{\max_l \{x_{i'l}\} - \min_l \{x_{i'l}\}}, \, i' \in N', \, l \in G \tag{5.15}$$

接着，可计算出关于数值型属性 C_l^E 的信息熵值 $H(C_l^E)$，其计算公式可表示为

$$H(C_l^E) = -\frac{1}{\ln(n+1)} \sum_{i'=1}^{n+1} \frac{x_{i'l}'}{\sum_{i'=1}^{n+1} x_{i'l}'} \times \ln \frac{x_{i'l}'}{\sum_{i'=1}^{n+1} x_{i'l}'} \, , \, l \in G \tag{5.16}$$

假定当 $\frac{x_{i'l}'}{\sum_{i'=1}^{n+1} x_{i'j}'} = 0$ 时，$\frac{x_{i'l}'}{\sum_{i'=1}^{n+1} x_{i'l}'} \times \ln \frac{x_{i'l}'}{\sum_{i'=1}^{n+1} x_{i'l}'} = 0$。显然，$H(C_l^E) \in [0, 1]$。

这样，根据计算得到企业内部环境描述的属性 C_1^E，C_2^E，$\cdots$，C_g^E 的信息熵值 $H(C_1^E)$，$H(C_2^E)$，$\cdots$，$H(C_g^E)$，参照式（5.13）所示的企业外部环境描

述属性客观权重计算方法，可计算出企业内部环境描述属性 C_1^E，C_2^E，$\cdots$，C_g^E 的客观权重向量，记为 $\gamma^E = (\gamma_1^{E'}$，$\gamma_2^{E'}$，$\cdots$，$\gamma_g^{E'})$，其中 $\gamma_l^{E'}$ 表示 C_l^E 的客观权重。为节省篇幅，具体计算过程不再赘述。

3. 主观权重与客观权重的融合。

（1）基于企业外部环境描述的主客观权重的融合。

通过对企业外部环境描述属性的主观权重向量 $\upsilon^V = (\upsilon_1^V$，$\upsilon_2^V$，$\cdots$，$\upsilon_m^V)$ 和客观权重向量 $\gamma^V = (\gamma_1^V$，γ_2^V，$\cdots$，$\gamma_m^V)$ 进行融合，可得到关于属性 C_1^V，C_2^V，$\cdots$，C_m^V 的综合权重向量 $w^V = (w_1^V$，w_2^V，$\cdots$，$w_m^V)$，其中 w_j^V 表示属性 C_j^V 的综合权重，其计算公式为

$$w_j^V = \frac{\upsilon_j^V \gamma_j^V}{\sum_{j=1}^{m} \upsilon_j^V \gamma_j^V}，j \in M \tag{5.17}$$

（2）基于企业内部环境描述的主客观权重的融合。

参照企业外部环境描述的主客观权重的融合方法，可计算出关于企业内部环境描述属性 C_1^E，C_2^E，$\cdots$，C_g^E 的综合权重，记为 $w^E = (w_1^E$，w_2^E，$\cdots$，$w_m^E)$。为节省篇幅，具体计算过程不再赘述。

5.3.2　商业模式案例属性相似度的计算

1. 针对企业外部环境的商业模式目标案例 A^* 与商业模式历史案例 A_i 间的相似度。

依据企业现实情况，针对企业外部环境描述属性值 p_{ij} 和 q_j 一般考虑符号型和语言型两种形式。例如，用于描述企业外部环境的属性中，行业生命周期一般都是符号型的；行业内产品差异化程度、产业关联度、产品需求弹性

一般都是语言型的。针对不同信息形式，分别给出企业外部环境属性 C_j^V 的相似度 $sim_j(V^*,\ V_i)$ 计算公式。

（1）当 C_j^V 的属性值为符号型时，$sim_j(V^*,\ V_i)$ 的计算公式为

$$sim_j(V^*,\ V_i)\ = \begin{cases} 1,\ q_j = p_{ij} \\ 0,\ q_j \neq p_{ij} \end{cases},\ i \in N,\ j \in M \qquad (5.18)$$

（2）当 C_j^V 的属性值为语言型时，设表述企业外部环境属性 C_j^V 的语言评价短语信息集是有序的，例如，可记语言评价短语信息集为 $\beta = \{\beta_1 = \text{VL}$（非常低），$\beta_2 = \text{L}$（低），$\beta_3 = \text{M}$（一般），$\beta_4 = \text{H}$（高），$\beta_5 = \text{VH}$（非常高）$\}$，相应的，集合 β 的下标集序号记为 $\sigma = \{1,\ 2,\ 3,\ 4,\ 5\}$。记语言型企业外部环境属性 C_j^V 对应的属性值 p_{ij} 和 q_j 的语言短语下标序号为 $\text{seq}(p_{ij})$ 和 $\text{seq}(q_j)$，$p_{ij},\ q_j \in \beta$，$\text{seq}(p_{ij}),\ \text{seq}(q_j) \in \sigma$，则 $sim_j(V^*,\ V_i)$ 的计算公式为

$$sim_j(V^*,\ V_i) = 1 - \frac{|\text{seq}(q_j) - \text{seq}(p_{ij})|}{\kappa_j^{\max} - \kappa_j^{\min}},\ i \in N,\ j \in M \qquad (5.19)$$

其中，$\kappa_j^{\max} = \max\{\text{seq}(q_j),\ \max\{\text{seq}(p_{ij})\ |\ i \in N\}\}$，$\kappa_j^{\min} = \min\{\text{seq}(q_j),\ \min\{\text{seq}(p_{ij})\ |\ i \in N\}\}$，$j \in M$。

综上，针对企业外部环境的各属性的相似度 $sim_j(V^*,\ V_i)$，计算针对企业外部环境的商业模式目标案例 A^* 与商业模式历史案例 A_i 间的相似度 $sim(V^*,\ V_i)$，其计算公式为

$$sim(V^*,\ V_i)\ = \sum_{j \in M} w_j^V sim_j(V^*,\ V_i),\ i \in N \qquad (5.20)$$

其中，$sim(V^*,\ V_i) \in [0,\ 1]$，$sim(V^*,\ V_i)$ 越大，表明商业模式目标案例 A^* 中的企业外部环境 V^* 与商业模式历史案例 A_i 中的企业外部环境 V_i 的相似程度越高。

2. 针对企业内部环境的商业模式目标案例 A^* 与商业模式历史案例 A_i 间

的相似度。

针对企业内部环境描述的属性值 r_{il} 和 d_l 一般考虑数值型形式。例如：用于描述企业内部环境的属性中，净资产收益率、市场份额、流动资产周转率、研发费用比率和存货比率等一般都是数值型的。企业内部环境属性 C_l^E 的相似度 $sim_l(E^*, E_i)$ 计算公式为

$$sim_l(E^*, E_i) = 1 - \frac{|d_l - r_{il}|}{\lambda_l^{\max} - \lambda_l^{\min}}, \ i \in N, \ l \in G \tag{5.21}$$

其中，$\lambda_l^{\max} = \max\{d_l, \ \max\{r_{il} \mid i \in N\}\}$，$\lambda_l^{\min} = \min\{d_l, \ \min\{r_{il} \mid i \in N\}\}$，$l \in G$。

综上，针对企业内部环境的各属性的相似度 $sim_l(E^*, E_i)$，计算针对企业内部环境的商业模式目标案例 A^* 与商业模式历史案例 A_i 间的相似度 $sim(E^*, E_i)$，其计算公式为

$$sim(E^*, E_i) = \sum_{l \in G} w_l^E sim_l(E^*, E_i), \ i \in N \tag{5.22}$$

其中，$sim(E^*, E_i) \in [0, 1]$，$sim(E^*, E_i)$ 越大，表明目标案例 A^* 中的企业内部环境 E^* 与历史案例 A_i 中的企业内部环境 E_i 的相似程度越高。

5.3.3 相似度阈值的设置及商业模式相似历史案例的提取

依据相关文献[35,140]可知，构建相似历史案例集的关键在于相似历史案例的提取，因此需要考虑历史案例与目标案例间的相似程度，即商业模式目标案例 A^* 与商业模式历史案例 A_i 中企业外部环境的相似度 $sim(V^*, V_i)$、企业内部环境的相似度 $sim(E^*, E_i)$，并且这两个相似度较高的商业模式历史案例将作为适合的案例被提取。因此，为了提取适合的商业模式历史案例，可预先设置两个相似度阈值。记 ξ^V 表示商业模式目标案例 A^* 与商业模式历史

案例 A_i 间的企业外部环境相似度阈值，ξ^E 表示商业模式目标案例 A^* 与商业模式历史案例 A_i 间的企业内部环境相似度阈值，其计算公式分别为

$$\xi^V = \psi^V \times \max\{sim(V^*, V_i) \mid i \in N\} \tag{5.23}$$

$$\xi^E = \psi^E \times \max\{sim(E^*, E_i) \mid i \in N\} \tag{5.24}$$

其中，ψ^V、ψ^E 分别表示商业模式目标案例与商业模式历史案例间的企业外部环境的最大相似度百分比、企业内部环境的最大相似度百分比，$0 < \psi^V$，$\psi^E \leq 1$，其取值由企业管理者以及决策分析者依据经验或历史数据给定，百分比数值越大表明提取的商业模式历史案例与商业模式目标案例的企业外部环境、企业内部环境的相似度越高。

当同时满足 $sim(V^*, V_i) \geq \xi^V$ 且 $sim(E^*, E_i) \geq \xi^E$ 时，相应的历史案例 A_i 将被提取。进一步地，将被提取的所有商业模式历史案例构建成商业模式相似历史案例集 A^{sim}，即 $A^{sim} = \{A_i \mid i \in N^{sim}\}$，其中，$N^{sim} = \{i \mid sim(V^*, V_i) \geq \xi^V, sim(E^*, E_i) \geq \xi^E, i \in N\}$，它表示所有商业模式相似历史案例的下标集合，显然，$A^{sim} \subset A$，$N^{sim} \subset N$。

5.4 备选商业模式关键要素选项的确定

为便于描述，设 $\partial \in \{I, II, \cdots, \zeta\}$ 表示的商业模式关键要素上标集合，ζ 表示商业模式关键要素的总个数。商业模式关键要素集合可以表示为 $H = \{H^I, H^{II}, \cdots, H^\zeta\}$，其中 H^χ 表示第 χ 个商业模式关键要素，$\chi \in \partial$。由 5.2.2 节可知，商业模式描述的属性集为 $C^B = \{C_1^B, C_2^B, \cdots, C_h^B\}$，对于采用的商业模式的描述是由多个属性，即商业模式关键要素来进行刻画的，其中，

C_k^B 表示商业模式描述的第 k 个属性，$k \in H$。需要指出的是，现实中商业模式关键要素会出现不同的表现形式，即关键要素选项，所以采用的商业模式描述的属性集由不同的商业模式关键要素选项构成。针对商业模式历史案例 A_i 的商业模式描述 B_i 的属性值向量为 $\tilde{\phi}_i = (\phi_{i1}, \phi_{i2}, \cdots, \phi_{ih})$，其中，$\phi_{ik}$ 表示商业模式描述 B_i 对应于商业模式描述属性 C_k^B 的属性选项，$i \in N$，$k \in H$。

这样，依据商业模式相似历史案例集 A^{sim}，将描述商业模式的属性值向量 $\tilde{\phi}_i = (\phi_{i1}, \phi_{i2}, \cdots, \phi_{ih})$ 中关于商业模式关键要素 H^x 的选项进行提取，$i \in N^{sim}$，即可得到针对各商业模式关键要素选项的集合，记为 $O^x = \{\pi_{i\chi} \mid i \in N^{sim}\}$，其中 $\pi_{i\chi}$ 表示商业模式相似历史案例 A_i 关于商业模式关键要素 H^x 的选项，$i \in N^{sim}$，$\chi \in \partial$ 。

5.5　本章小结

本章围绕基于相似案例分析的商业模式关键要素选项确定问题展开了研究，首先给出了相关的预备知识，然后给出了一种综合考虑主观因素和客观因素的属性权重确定方法，在此基础上，给出了一种商业模式相似历史案例的提取方法，最后，确定了备选商业模式的关键要素选项。

在提出的属性权重确定方法中，考虑了具有复杂特征的实际决策问题中可能涉及的符号性、数值型和语言型信息形式，给出了基于信息熵的客观权重计算方法以及基于群体评价信息的主观权重计算方法，进而集结主客观权重信息计算出针对各属性的权重。在提出的商业模式相似历史案例提取方法中，考虑了具有复杂特征的实际决策问题中可能涉及的符号型、数值型、语言型三种信息形式，给出了相应的商业模式案例属性相似度以及案例相似度的计算方法，在此基础上，通过设置相似度阈值来提取相似历史案例，并确定了备选商业模式的关键要素选项。

本章提出的方法较好地解决了具有多种信息形式的案例属性权重的确定问题，解决了商业模式案例属性相似度、案例相似度计算问题以及相似历史案例的提取以及关键要素选项的确定问题，不仅丰富了相关研究成果，而且还能较好地应用于解决实际的相似案例及其选项的提取问题中。

第 6 章

商业模式关键要素选项的修正与补充

由第 3 章给出的价值链视角下基于关键要素的商业模式选择问题的描述和相关的研究框架可知，商业模式关键要素选项的修正与补充是价值链视角下基于关键要素的商业模式选择的核心环节之一。本章将围绕商业模式关键要素选项的修正与补充问题进行研究，首先给出问题描述及相关符号说明，然后给出商业模式关键要素选项的修正原则与修正策略，最后给出商业模式关键要素选项的补充原则与补充策略。

6.1 问题描述及相关符号说明

本节围绕商业模式关键要素选项的修正与补充问题进行描述。具体地，首先，给出商业模式关键要素选项的修正与补充的问题描述，然后给出相关符号说明。

6.1.1 问题描述

商业模式关键要素选项的修正与补充就是通过采用群体专家评价方法，对提取出的商业模式相似历史案例中关键要素选项按照商业模式目标案例的实际情况和实际要求进行修正和补充的过程。如何科学、合理地进行关键要素选项的修正与补充，这是一个值得关注的研究问题。

一般来讲，可将商业模式相似历史案例所涉及的问题和商业模式目标案例所涉及的问题划分为若干个子问题。就各商业模式相似历史案例而言，对应于不同的子问题通常会有相应的不同的子方案，即不同的子方案是用于解决不同子问题的。这样，由不同的子问题和子方案便可构成了商业模式相似历史案例所涉及的问题和针对该问题的解决方案。由于商业模式相似历史案例的关键要素选项的确定，通常会受到其选择年代或选择时刻的实际问题、实际条件以及实际情况的限制和影响，因此，将它们的商业模式关键要素选项的确定方案直接用于解决商业模式目标案例中的商业模式关键要素选项确定问题时，难免会有一些不适应性。为此，就需要首先对提取出的备选关键要素选项进行适当修正与补充，然后再对其进行确认和优选。

通常，商业模式相似历史案例的关键要素选项不适用于解决商业模式目标案例所涉及的选项确定问题的原因主要来自两个方面：一是由于气候、环境等实际情况发生某些复杂性变化使得商业模式相似历史案例中的某些关键要素选项不能足够适用于解决商业模式目标案例涉及的关键要素选项确定问题。二是由于技术革新等实际条件发生某些变化使得商业模式相似历史案例的关键要素选项确定方案中的某些关键要素选项不能够适用于解决商业模式目标案例涉及的关键要素选项确定问题。

因此，有必要聘请专家针对目标企业的实际情况对各商业模式相似历史案例所涉及的关键要素选项进行检查，若存在上述情况，则应结合实际条件和实际情况，对其进行适当地修正与补充。

6.1.2　相关符号说明

为了解决商业模式关键要素选项的修正与补充问题，现将本章使用的相关符号进行定义与说明：

● $U = \{1, 2, \cdots, u\}$：对应于参与商业模式关键要素选项修正与补充的专家的下标集合，其中 u 表示参与商业模式关键要素选项修正与补充的专家的总人数。

● $F = \{F_1, F_2, \cdots, F_u\}$：参与商业模式关键要素选项修正与补充的专家集合，其中 F_s 表示第 s 个专家，$s \in U$。

● $N = \{0, 1, \cdots, n\}$：对应于商业模式关键要素选项的重要程度评价的语言评价短语的下标集合，其中 $n + 1$ 表示语言评价短语的总个数。例如，当 $n = 4$ 时，表示共有 5 个语言评价短语。

● $Y = \{Y_0, Y_1, \cdots, Y_n\}$：关于商业模式关键要素选项重要程度评价的语言评价短语集合，其中 Y_t 表示第 t 个语言短语，$t \in N$。现实中，可考虑该语言评价短语集合为 $Y = \{Y_0 = VB$（非常不重要），$Y_1 = B$（不重要），$Y_2 = L$（一般），$Y_3 = G$（重要），$Y_4 = VG$（非常重要）$\}$。

● $\partial \in \{ \text{I}, \text{II}, \cdots, \zeta \}$：商业模式关键要素的上标集合，$\zeta$ 表示商业模式关键要素的总个数。

● $H = \{H^{\text{I}}, H^{\text{II}}, \cdots, H^{\zeta}\}$：确定的商业模式关键要素集合，其中 H^{χ} 表示第 χ 个商业模式关键要素，$\chi \in \partial$。为便于描述，这里以 4 个关键要素为例

进行说明，即 $\zeta = \mathrm{IV}$，$H = \{H^{\mathrm{I}}, H^{\mathrm{II}}, H^{\mathrm{III}}, H^{\mathrm{IV}}\}$。

• $M^{\mathrm{I}} = \{1, 2, \cdots, m_1\}$：关键要素 H^{I} 的选项的下标集合，其中 m_1 表示商业模式关键要素 H^{I} 的选项的总个数。

• $O^{\mathrm{I}} = \{O_1^{\mathrm{I}}, O_2^{\mathrm{I}}, \cdots, O_{m_1}^{\mathrm{I}}\}$：针对关键要素 H^{I} 的选项集合，其中 O_β^{I} 表示关键要素 H^{I} 的第 β 个选项，$\beta \in M^{\mathrm{I}}$。

• $M^{\mathrm{II}} = \{m_1 + 1, m_1 + 2, \cdots, m_2\}$：关键要素 H^{II} 的选项的下标集合，其中 $m_2 - m_1$ 表示商业模式关键要素 H^{II} 的选项的总个数。

• $O^{\mathrm{II}} = \{O_{m_1+1}^{\mathrm{II}}, O_{m_1+2}^{\mathrm{II}}, \cdots, O_{m_2}^{\mathrm{II}}\}$：针对关键要素 H^{II} 的选项集合，其中 $O_\varepsilon^{\mathrm{II}}$ 表示关键要素 H^{II} 的第 ε 个选项，$\varepsilon \in M^{\mathrm{II}}$。

• $M^{\mathrm{III}} = \{m_2 + 1, m_2 + 2, \cdots, m_3\}$：关键要素 H^{III} 的选项的下标集合，其中 $m_3 - m_2$ 表示商业模式关键要素 H^{III} 的选项的总个数。

• $O^{\mathrm{III}} = \{O_{m_2+1}^{\mathrm{III}}, O_{m_2+2}^{\mathrm{III}}, \cdots, O_{m_3}^{\mathrm{III}}\}$：针对关键要素 H^{III} 的选项集合，其中 O_ϕ^{III} 表示关键要素 H^{III} 的第 ϕ 个选项，$\phi \in M^{\mathrm{III}}$。

• $M^{\mathrm{IV}} = \{m_3 + 1, m_3 + 2, \cdots, m_4\}$：关键要素 H^{IV} 的选项的下标集合，其中 $m_4 - m_3$ 表示商业模式关键要素 H^{IV} 的选项的总个数。

• $O^{\mathrm{IV}} = \{O_{m_3+1}^{\mathrm{IV}}, O_{m_3+2}^{\mathrm{IV}}, \cdots, O_{m_4}^{\mathrm{IV}}\}$：针对关键要素 H^{IV} 的选项集合，其中 O_ζ^{IV} 表示关键要素 H^{IV} 的第 ζ 个选项，$\zeta \in M^{\mathrm{IV}}$。

6.2　商业模式关键要素选项的修正

本节围绕商业模式关键要素选项的修正问题展开研究，首先给出关键要素选项的修正原则与修正策略，在此基础上，给出基于群体专家评价的关键要素选项重要性的确定方法。

6.2.1 关键要素选项的修正原则与修正策略

对商业模式关键要素选项进行修正时，首先需要再次明确被研究问题的概念界定，既要保证现有研究中提及的关键要素选项都涵盖于筛选的关键要素选项之中，又需要借助专家们的经验判断，将关键要素选项信息进行修正，旨在将与实际情况不符的关键要素选项剔除，并确保不重复出现，尽可能做到客观、全面、准确、科学。本小节将对商业模式关键要素选项的修正原则与修正策略做出分别说明。

1. 关键要素选项的修正原则。

在商业模式关键要素选项的修正过程中，应遵循以下基本修正原则：

（1）关键要素选项修正方法的科学性。虽然关键要素选项的修正过程主要依靠专家们的主观经验，但应尽量保证使用方法的科学性和客观性。本书拟采用德尔菲法对商业模式关键要素选项进行修正。具体地，依据目标企业的实际情况，选定来自企业内部、高校、科研机构从事企业管理、战略管理、商业模式选择与创新方面研究的专家 F_1，F_2，$\cdots$，F_u 组成专家委员会，拟通过现场调查的方式邀请专家们对关键要素选项的重要性进行评价，最终给出修正后的关键要素选项。

（2）关键要素选项名称的准确性。在进行相关研究成果的分析时，要确定关键要素选项名称的准确性，确保没有任何形式的歧义。保证能够被相关专家、企业管理者和相关领域的研究者明确辨识和理解。关键要素选项的命名需要使其名称能够准确地概括所要表达的含义，不能出现含义含糊不清或者容易产生歧义的情况，专家委员会应针对上述情况给出进一步的修正和调整。

（3）关键要素选项的相对独立性。专家委员会要尽可能确保筛选出的关键要素选项之间应相互独立，不能存在一个关键要素选项包含另外一个关键要素选项的情形，或者某几个关键要素选项的语义上有明显的相关性。

（4）关键要素选项的有效性。由于相似历史案例的发生，通常会受到其发生年代或发生时刻的实际问题、实际条件以及实际情况的限制和影响。因此其商业模式直接用于目标案例来解决商业模式选择问题是不现实的，也难免会有一些不是适应性。这里需要考虑的是：基于商业模式相似案例提取结果的备选商业模式关键要素选项是否仍然适用于目标案例。因此，专家委员会应针对目标案例企业的现实情况，对其进行修正和调整。

2. 关键要素选项的修正策略。

参照已有相关文献的研究方法，并且考虑到关于商业模式选择中关键要素选项修正方法的研究成果较少，所以本书针对关键要素选项的修正，拟采用德尔菲法，考虑到目标案例企业的实际情况，拟通过现场调查的方式进行专家意见征询，请专家委员会对各相似历史案例涉及的关键要素选项进行检查。相应的修正策略如下：

（1）剔除。如果相似历史案例涉及一些目标案例没有涉及的子问题所对应的关键要素选项时，则分析与这些子问题对应的子方案（即关键要素选项）是否被应用于解决目标案例涉及的其他子问题。若有，则保留；若没有，则将这些子方案删除。例如，在关键要素"核心能力"中，提取出的关键要素选项中所使用的设备已经陈旧，技术手段也已经落后，已经不符合当前实际，则应该将其剔除。

（2）修改。如果相似历史案例中的某些子方案（即关键要素选项）不能够用于应对目标案例涉及的一些子问题时，那么应向企业管理者以及决策分析者或专家委员会征求意见，并结合实际情况和实际条件，修改这些子方案

（即关键要素选项），以保证其能够顺利应对。例如，在关键要素"目标客户"中，提取出的关键要素选项中无法直接用于目标企业，则应该结合目标企业的实际情况将其适当修改。

6.2.2 基于群体专家评价的关键要素选项重要性的确定方法

由前文可知，基于相似案例分析得到的商业模式关键要素选项需要由专家委员会结合实际情况进行修正，下面给出基于群体专家评价的商业模式关键要素选项重要性确定方法。

首先由专家委员会对商业模式关键要素选项的重要性进行评价与分析。这里需要指出的是，由于现实中，不同企业的外部环境因素和企业内部因素不同，所以针对现实中的企业商业模式选择问题，专家委员会可针对具体的企业实际情况，从每个商业模式关键要素中，选择最符合企业实际情况，对解决商业模式选择问题能发挥重要作用的关键要素选项，作为后续基于关键要素选项组合的商业模式备选方案生成的依据。

本书拟采用专家现场调查的方式，对商业模式关键要素选项进行筛选，主要步骤计划如下：

首先，拟向专家委员会的每位专家发放一份价值链视角下商业模式关键要素及其选项列表；然后，向专家介绍目标企业的基本情况，以及本次调查活动的目的、意义、成果价值、商业模式选择的含义和商业模式关键要素及其选项的含义；接下来，接受专家委员会针对调查问卷的询问，针对调查问卷中专家不清楚的信息和内容进行探讨，将合理的调整意见吸纳到调查问卷中；进一步地，由专家委员会的各位专家对已达成一致意见的调查问卷进行填写，根据调查问卷中价值链视角下商业模式关键要素选项的重要程度，从

语言评价短语集合 $Y = \{Y_0 = \mathrm{VB}$（非常不重要）, $Y_1 = \mathrm{B}$（不重要）, $Y_2 = \mathrm{L}$（一般）, $Y_3 = \mathrm{G}$（重要）, $Y_4 = \mathrm{VG}$（非常重要）$\}$ 中选择相应的语言短语 Y_t 进行评价；最后，回收调查问卷，对调查问卷展开分析，汇总整体调查结果。

这里需要指出的是，在调查过程中，假设专家委员会能够对调查问卷进行充分探讨，且各位专家对商业模式关键要素选项及商业模式选择的实际背景都比较熟知和了解，因而本书假设每位专家对所有商业模式构成要素的理解没有偏差，能够对构成要素的重要性给出客观而合理的判断。下面给出针对专家委员会评价结果的统计分析方法。

为方便起见，设 $O = O^{\mathrm{I}} \cup O^{\mathrm{II}} \cup O^{\mathrm{III}} \cup O^{\mathrm{IV}} = \{O_{\mu(1)}, O_{\mu(2)}, \cdots, O_{\mu(m)}\}$ 表示所有商业模式关键要素选项总集合，其中：$O_{\mu(p)}$ 表示第 $\mu(p)$ 个选项，$\mu(p) \in \{\mu(1), \mu(2), \cdots, \mu(m)\}$，且 $\{\mu(1), \mu(2), \cdots, \mu(m)\}$ 表示 $\{1, 2, \cdots, m_1\} \cup \{m_1+1, m_1+2, \cdots, m_2\} \cup \{m_2+1, m_2+2, \cdots, m_3\} \cup \{m_3+1, m_3+2, \cdots, m_4\}$ 的一个置换。专家 F_s 依据语言评价短语集合 Y 给出关键要素的选项 $O_{\mu(p)}$ 的重要程度评价值记为 $e_{\mu(p)}^s$。

首先，根据语言评价短语与其下标值的对应关系，将语言评价短语 Y_t 转化为其对应的下标值 t，$t \in N$，并运用式（4.6）所示的算术平均方法，将专家 F_s 给出的关键要素选项 $O_{\mu(p)}$ 的重要程度评价值 $e_{\mu(p)}^s$ 进行集结，计算出关键要素选项 $O_{\mu(p)}$ 的重要程度评价值的平均值 $e_{\mu(p)}$。由前文可知，考虑到专家委员会中的专家在商业模式选择领域的能力和水平都比较接近，因而假设专家委员会的各位专家 F_1，F_2，$\cdots$，F_u 的重要程度相同。

然后，依式（4.7）计算关键要素选项 $O_{\mu(p)}$ 的重要程度评价值的标准差 $d_{\mu(p)}$。

本书拟采用上述方法对回收的调查问卷进行分析，计算关键要素选项 $O_{\mu(p)}$ 的重要程度评价值的平均值和标准差，并向专家委员会展示统计结果，并且针对关键要素选项得分出现的偏差进行讨论和分析。具体地，专家委员会拟针对关键要素选项的评价结果进行综合分析和考察，结合目标企业的实际情况和实际条件分析关键要素选项和内涵，并对同一内涵，不同名称的关键要素选项进行重新命名；对于语义上相近或相似的关键要素选项进行删除或者合并，通过"中国知网""谷歌学术"确定关键要素选项名称的公认程度；最终，由专家委员会确定目标企业商业模式关键要素选项的修正结果。

6.3　商业模式关键要素选项的补充

本节围绕价值链视角下基于关键要素的商业模式选择方法研究中的商业模式关键要素选项的补充问题展开研究，具体地，首先给出关键要素选项的补充原则与补充策略，在此基础上，给出基于群体专家评价的关键要素选项补充方法。

6.3.1　关键要素选项的补充原则与补充策略

对商业模式关键要素选项进行补充时，首先需要再次明确被研究问题的概念界定，以及目标企业的实际情况和实际条件，借助专家们的经验，将关键要素选项信息进行适当地补充，旨在将符合实际情况的关键要素选项合理添加，尽可能做到客观、全面、准确、科学。本小节将对商业模式关键要素选项的补充原则与补充策略做出分别说明。

1. 关键要素选项的补充原则。

在商业模式关键要素选项的补充过程中，应遵循以下基本补充原则：

（1）关键要素选项体系的完整性。专家委员会应尽量保证关键要素选项能够完整而全面地反映目标企业价值创造的各个维度和各个方面，使得在进行商业模式选择时，能够作为重要的评价指标，充分刻画出目标企业价值创造的逻辑。

（2）关键要素选项的系统性。通过第 3 章的分析可知，基于价值链理论的商业模式选择的维度可以划分为如下四个维度：价值链成员、企业内部价值、渠道和客户价值。因此，在对关键要素选项进行补充时，应围绕上述四个维度，结合目标企业的实际情况和实际条件组织专家委员会的专家们进行进一步的分析与整理。

2. 关键要素选项的补充策略。

如果基于群体专家评价的相似历史案例中的某些子方案不足够用于应对目标案例涉及的一些子问题时（即关键要素选项），那么则需要向企业管理者以及决策分析者或专家委员会征求意见。本书拟采用头脑风暴法，由专家委员会针对商业模式关键要素选项的补充方案进行探讨，根据专家提供的具有针对性的建议增加额外的子方案（即关键要素选项），从而使得这些子方案（即关键要素选项）能够符合目标案例的实际情况。例如，由于时间不同，相似历史案例中的关键要素"分销渠道"并未包含"O2O"（线上线下）的模式，然而现实中的目标企业却可以采用"O2O"（线上线下）的模式，这里就需要专家委员会进行头脑风暴，进行适当补充和添加，使其更加符合实际情况。

6.3.2 基于群体专家评价的关键要素选项的补充方法

为了对商业模式关键要素选项进行合理的补充，本书仍拟以现场调查的形式进行。首先，在专家委员会针对商业模式关键要素选项进行修正以后，拟采用头脑风暴的方法请专家委员会结合目标企业的实际情况和实际条件给出关键要素选项的补充方案；然后，拟针对给出的补充方案进行两轮意见征询，经过专家委员会的充分探讨，最终确定目标案例企业商业模式选择的关键要素选项的补充方案。

6.4 本章小结

本章围绕商业模式关键要素选项的修正与补充问题展开了研究，并给出了基于群体专家评价的商业模式关键要素选项的修正与补充方法。

在提出的商业模式关键要素选项的修正方法中，首先给出了关键要素选项的修正原则与修正策略。本书拟采用德尔菲法对商业模式关键要素选项进行修正，旨在针对现实中具体的目标案例企业的实际情况，给出基于群体专家评价的关键要素选项重要性的确定方法，并据此对商业模式关键要素选项进行修正。在提出的商业模式关键要素选项的补充方法中，首先给出关键要素选项的补充原则与补充策略，然后采用头脑风暴法对商业模式关键要素选项进行补充，最终确定商业模式关键要素选项。

本章提出的方法较好地解决了商业模式关键要素选项的修正与补充问题，不仅丰富了已有相关研究成果，而且还能较好地应用于解决实际中的具体企业的商业模式关键要素选项的修正与补充问题中，为现实中的企业商业模式选择问题提供必要的决策支持。

基于关键要素选项组合的商业
模式备选方案的生成与优选

由第 3 章给出的价值链视角下基于关键要素的商业模式选择问题的描述和相关的研究框架可知，基于关键要素选项组合的商业模式备选方案生成与优选是价值链视角下基于关键要素的商业模式选择的核心环节之一。本章将围绕基于关键要素选项组合的商业模式备选方案的生成与优选问题进行研究，首先给出基于关键要素选项组合的商业模式备选方案的生成与优选的问题描述与相关符号说明，然后给出基于关键要素选项组合的商业模式备选方案的生成方法，进一步地，给出基于 DEMATEL 方法的商业模式评价指标权重的确定方法，最后给出基于扩展 TOPSIS 的商业模式选择的计算方法。

7.1　问题描述与相关符号说明

本节围绕基于关键要素选项组合的商业模式备选方案的生成与优选问题

进行描述，并给出相关符号说明。

7.1.1　问题描述

商业模式备选方案的生成与优选就是基于相关理论和方法，根据目标案例企业的实际情况和实际条件，生成商业模式备选方案，并对备选方案进行优选的过程。对于如何考虑关键要素选项间相容性，进而生成商业模式备选方案，并在此基础上对生成的多个备选方案进行优选，这是值得关注的重要研究问题。

目前，有关商业模式备选方案生成和优选的研究已经引起了一些学者的关注[11-19]，但是已有研究成果尚不多见，只能看到一些相关的研究成果。相关研究成果较少考虑关键要素选项间相容性的问题[12-18,43-49]，也未能考虑评价指标之间的关联性[12-19,43-49]，基于此，针对已有研究的不足之处，给出基于关键要素选项组合的商业模式备选方案的生成与优选方法。该方法首先构建商业模式选择的关键要素选项组集合，通过判断关键要素选项间的相容性来建立备选商业模式的生成规则，并据此构建商业模式备选方案集合；然后，依据专家给出的评价指标的关联评价和商业模式备选方案的评价信息，运用DEMATEL方法确定评价指标权重，进一步地，运用多属性决策分析中的扩展 TOPSIS 方法进行商业模式的优选。

7.1.2　相关符号说明

为了解决基于关键要素选项组合的商业模式备选方案的生成与优选问题，现将本章使用的相关符号进行定义与说明：

- $\partial \in \{ \mathrm{I}, \mathrm{II}, \cdots, \zeta \}$：商业模式关键要素上标集合，$\zeta$ 表示商业模式关键要素的总个数。

- $H = \{ H^{\mathrm{I}}, H^{\mathrm{II}}, \cdots, H^{\zeta} \}$：确定的商业模式关键要素集合，其中 H^{χ} 表示第 χ 个商业模式关键要素，$\chi \in \partial$。为了便于描述，这里以 4 个关键要素为例进行说明，即 $\zeta = \mathrm{IV}$，$H = \{ H^{\mathrm{I}}, H^{\mathrm{II}}, H^{\mathrm{III}}, H^{\mathrm{IV}} \}$。

- $M^{\mathrm{I}} = \{ 1, 2, \cdots, m_1 \}$：关键要素 H^{I} 的选项的下标集合，其中 m_1 表示商业模式关键要素 H^{I} 的选项的总个数。

- $O^{\mathrm{I}} = \{ O_1^{\mathrm{I}}, O_2^{\mathrm{I}}, \cdots, O_{m_1}^{\mathrm{I}} \}$：针对关键要素 H^{I} 的选项集合，其中 O_{β}^{I} 表示关键要素 H^{I} 的第 β 个选项，$\beta \in M^{\mathrm{I}}$。

- $M^{\mathrm{II}} = \{ m_1 + 1, m_1 + 2, \cdots, m_2 \}$：关键要素 H^{II} 的选项的下标集合，其中 $m_2 - m_1$ 表示商业模式关键要素 H^{II} 的选项的总个数。

- $O^{\mathrm{II}} = \{ O_{m_1+1}^{\mathrm{II}}, O_{m_1+2}^{\mathrm{II}}, \cdots, O_{m_2}^{\mathrm{II}} \}$：针对关键要素 H^{II} 的选项集合，其中 $O_{\varepsilon}^{\mathrm{II}}$ 表示关键要素 H^{II} 的第 ε 个选项，$\varepsilon \in M^{\mathrm{II}}$。

- $M^{\mathrm{III}} = \{ m_2 + 1, m_2 + 2, \cdots, m_3 \}$：关键要素 H^{III} 的选项的下标集合，其中 $m_3 - m_2$ 表示商业模式关键要素 H^{III} 的选项的总个数。

- $O^{\mathrm{III}} = \{ O_{m_2+1}^{\mathrm{III}}, O_{m_2+2}^{\mathrm{III}}, \cdots, O_{m_3}^{\mathrm{III}} \}$：针对关键要素 H^{III} 的选项集合，其中 O_{ϕ}^{III} 表示关键要素 H^{III} 的第 ϕ 个选项，$\phi \in M^{\mathrm{III}}$。

- $M^{\mathrm{IV}} = \{ m_3 + 1, m_3 + 2, \cdots, m_4 \}$：关键要素 H^{IV} 的选项的下标集合，其中 $m_4 - m_3$ 表示商业模式关键要素 H^{IV} 的选项的总个数。

- $O^{\mathrm{IV}} = \{ O_{m_3+1}^{\mathrm{IV}}, O_{m_3+2}^{\mathrm{IV}}, \cdots, O_{m_4}^{\mathrm{IV}} \}$：针对关键要素 H^{IV} 的选项集合，其中 $O_{\varsigma}^{\mathrm{IV}}$ 表示关键要素 H^{IV} 的第 ς 个选项，$\varsigma \in M^{\mathrm{IV}}$。

- $M = \{ M_1, M_2, \cdots, M_{\psi} \}$：商业模式的关键要素选项组集合，其中 M_{φ} 表示第 φ 个商业模式的关键要素选项组，它可表示为 $M_{\varphi} = \{ O_{\beta}^{\mathrm{I}}, O_{\varepsilon}^{\mathrm{II}}, O_{\phi}^{\mathrm{III}}, O_{\varsigma}^{\mathrm{IV}} \}$，

$\varphi \in \{1, 2, \cdots, \psi\}$，$\psi = m_1 \times (m_2 - m_1) \times (m_3 - m_2) \times (m_4 - m_3)$，其中，$O_\sigma^\varphi$、$O_\vartheta^\varphi$ 表示关键要素选项组 M_φ 中的任意两个关键要素选项，O_σ^φ，$O_\vartheta^\varphi \in M_\varphi$ 且 $O_\sigma^\varphi \neq O_\vartheta^\varphi$。

• $S = \{1, 2, \cdots, s\}$：对应于参与商业模式备选方案生成与优选的专家的下标集合，其中 s 表示参与商业模式备选方案生成与优选的专家总人数。

• $F = \{F_1, F_2, \cdots, F_s\}$：参与商业模式备选方案生成与优选的专家集合，其中 F_t 表示第 t 个专家，$t \in S$。

• $U_\varphi^t = [\delta^t(O_\sigma^\varphi, O_\vartheta^\varphi)]_{4 \times 4}$：专家 F_t 给出的针对关键要素选项组 M_φ 的相容性评价矩阵，其中 $\delta^t(O_\sigma^\varphi, O_\vartheta^\varphi)$ 表示专家 F_t 依据 $0 \sim 5$ 分的评分标准，给出的关键要素选项组 M_φ 中关键要素选项 O_σ^φ 与 O_ϑ^φ 之间的相容性评价值，O_σ^φ，$O_\vartheta^\varphi \in M_\varphi$ 且 $O_\sigma^\varphi \neq O_\vartheta^\varphi$。

• $N = \{1, 2, \cdots, n\}$：对应于商业模式评价指标的下标集合，其中 n 表示评价指标的总个数。

• $E = \{E_1, E_2, \cdots, E_n\}$：商业模式评价指标集合，其中 E_i，E_j 分别表示评价指标集合中第 i 和 j 个评价指标，$i, j \in N$。

• $\omega = \{0, 2, \cdots, \upsilon\}$：对应于评价指标间关联强弱的语言评价短语的下标集合，其中 $\upsilon + 1$ 表示关于评价指标间关联强弱的语言评价短语的总个数。当 $\upsilon = 4$ 时，表示共有 5 个语言评价短语。

• $Z = \{Z_0, Z_1, \cdots, Z_\upsilon\}$：关于评价指标间关联强弱的语言评价短语集合，其中 Z_r 表示语言短语集 Z 中第 r 个语言评价短语，$r \in \omega$。现实中，可以考虑该语言评价短语集合为 $Z = \{Z_0 = \text{NO}$（无关联），$Z_1 = \text{VL}$（非常低），$Z_2 = \text{L}$（低），$Z_3 = \text{H}$（高），$Z_4 = \text{VH}$（非常高）$\}$。

• $P_t = [p_{ij}^t]_{n \times n}$：专家 F_t 依据语言评价短语集合 Z 给出的评价指标间的

直接关联评价矩阵，其中 p_{ij}^t 表示专家 F_t 从语言评价短语集合 Z 中选择一个语言评价短语作为指标 E_i 与 E_j 之间关联效应强弱的评价值，$t \in S$，i，$j \in N$。本书依据实际，不考虑评价指标自身的关联，故将矩阵 F_t 的主对角元素记为 "－"。

• $\pi = \{0, 2, \cdots, \mu\}$：对应于商业模式的语言评价短语的下标集合，其中 $\mu + 1$ 表示关于商业模式的语言评价短语的总个数。当 $\mu = 4$ 时，表示共有 5 个语言评价短语。

• $\lambda = \{\lambda_0, \lambda_1, \cdots, \lambda_\mu\}$：关于商业模式的语言评价短语集合，其中 λ_τ 为语言评价短语集合 λ 中的第 τ 个语言评价短语，$\tau \in \pi$。现实中，可考虑该语言评价短语集合为 $\lambda = \{\lambda_0 = \text{VB}$（较差），$\lambda_1 = \text{B}$（差），$\lambda_2 = \text{M}$（一般），$\lambda_3 = \text{G}$（好），$\lambda_4 = \text{VG}$（较好）$\}$。

7.2　基于关键要素选项组合的商业模式备选方案的生成

本节围绕商业模式备选方案的生成问题，给出基于关键要素选项组合的商业模式备选商业模式生成方法。具体地，首先对商业模式备选方案生成问题描述及相关符号进行说明，然后针对关键要素选项间可能出现的不兼容、不匹配等情况，给出基于群体专家评价的商业模式关键要素选项间相容性的确定方法，以及基于关键要素选项间相容性评价的备选商业模式生成规则，在此基础上，给出基于生成规则的商业模式备选方案的生成方法。

7.2.1　商业模式关键要素选项间相容性的确定方法

依据第 6 章，在专家委员会结合目标企业的实际情况和实际条件对关键要素选项进行修正与补充后，初步确定了目标企业的商业模式选择关键要素选项，从每一个关键要素中任意选择一个关键要素选项进行组合，即可得到商业模式的关键要素选项组集合 M_1，M_2，$\cdots$，M_ψ，即最初的商业模式备选方案集。由于商业模式备选方案是从各关键要素中自由选取的关键要素选项，选项之间可能会存在不兼容、不匹配等不相容的情况，这就需要对关键要素选项间的相容性进行判断。这里，关键要素选项间的相容性包括完全不相容、不完全相容和完全相容三种情况，可采用专家委员会给出关键要素选项间的相容性评价的方式来进行关键要素选项间的相容性判断。假设专家给出的商业模式关键要素选项间相容性判断矩阵为

$$
U_\varphi^t = \begin{bmatrix}
- & \delta^t(O_\beta^I, O_\varepsilon^{II}) & \delta^t(O_\beta^I, O_\phi^{III}) & \delta^t(O_\beta^I, O_\varsigma^{IV}) \\
- & - & \delta^t(O_\varepsilon^{II}, O_\phi^{III}) & \delta^t(O_\varepsilon^{II}, O_\varsigma^{IV}) \\
- & - & - & \delta^t(O_\phi^{III}, O_\varsigma^{IV}) \\
- & - & - & -
\end{bmatrix}
$$

其中，$\delta^t(O_\beta^I, O_\varepsilon^{II})$ 表示专家 F_t 依据 0～5 分的评分标准，给出的 O_β^I 与 O_ε^{II} 之间的相容性评价值，其他相容性评价值的含义与此类似，不再赘述。这里不考虑关键要素选项自身的相容性，故将相容性判断矩阵主对角线元素记为"－"，运算时视为 0；此外，由于矩阵的下三角元素和上三角元素对称位置相同，为简化起见，也将其记为"－"。

集结所有专家给出的针对关键要素选项组 M_φ 的相容性评价矩阵，可得到关于关键要素选项组 M_φ 的相容性群体评价矩阵 $U_\varphi = [\delta(O_\sigma^\varphi, O_\vartheta^\varphi)]_{4 \times 4}$，其中元素 $\delta(O_\sigma^\varphi, O_\vartheta^\varphi)$ 表示关键要素选项对 O_σ^φ 与 O_ϑ^φ 之间的相容性群体评价值，它的计算公式可表示为

$$
\delta(O_\sigma^\varphi, O_\vartheta^\varphi) = \frac{1}{s} \sum_{t=1}^{s} \delta^t(O_\sigma^\varphi, O_\vartheta^\varphi), \quad \varphi \in \{1, 2, \cdots, \psi\} \tag{7.1}
$$

7.2.2 基于关键要素选项间相容性评价的备选商业模式生成规则

在确定商业模式选择关键要素选项后，从每一个关键要素中任意选择一个关键要素选项进行组合，可得到商业模式备选方案集。由于商业模式备选方案具有随机性，从各要素中选取的关键要素选项之间可能存在不兼容、不匹配等不相容情况，需要由专家委员会对关键要素选项的不相容情况进行评价，剔除包含不相容关键要素选项的备选商业模式，进而生成可用于商业模式选择的备选商业模式。下面给出基于关键要素选项相容性评价的备选商业模式生成规则。

由本书第 6 章可知，每个商业模式的关键要素有其各自的关键要素选项集。将不同的关键要素选项进行两两组合，得到关键要素选项组。一个关键要素选项组由分别来自两个不同关键要素选项组成，包含两个关键要素选项。按照 6.4 节给出的方法，由专家委员会给出两个选项间的相容性评价值，并按照下面给出商业模式备选方案生成规则，构建商业模式备选方案集合。

规则 1　如果一个商业模式的关键要素选项组中任意一个关键要素选项对的相容性群体评价值小于所有关键要素选项对的相容性平均评价值，则该关键要素选项组不可行，将其从商业模式备选方案集合中剔除。

规则 2　如果一个商业模式的关键要素选项组的相容性总体评价值小于所有关键要素选项组的相容性平均评价值，则该关键要素选项组不可行，将其从商业模式备选方案集合中剔除。

7.2.3　基于生成规则的可用关键要素选项的确定及商业模式备选方案生成

依据 7.2.1 节可知，关键要素选项组 M_φ 的相容性群体评价矩阵为 $U_\varphi = [\delta(O_\sigma^\varphi, O_\vartheta^\varphi)]_{4\times4}$，其中元素 $\delta(O_\sigma^\varphi, O_\vartheta^\varphi)$ 表示关键要素选项对 O_σ^φ 与 O_ϑ^φ 之间的相容性群体评价值。

首先，集结相容性群体评价矩阵 U_φ 中的所有元素，可得到关于关键要素选项组 M_φ 的相容性总体评价值 $\delta(M_\varphi)$，其计算公式为

$$\delta(M_\varphi) = \sum_{\sigma=1}^{3} \sum_{\vartheta=\sigma+1}^{4} \delta(O_\sigma^\varphi, O_\vartheta^\varphi)，\varphi \in \{1, 2, \cdots, \psi\} \qquad (7.2)$$

依据相容性总体评价值 $\delta(M_\varphi)$，$\varphi \in \{1, 2, \cdots, \psi\}$，可得到关于所有关键要素选项组的相容性平均评价值 $\bar{\delta}(M)$ 和所有关键要素选项对的相容性平均评价值 $\bar{\delta}(O)$，其计算公式分别为

$$\bar{\delta}(M) = \frac{1}{\psi} \sum_{\varphi=1}^{\psi} \delta(M_\varphi) \qquad (7.3)$$

$$\bar{\delta}(O) = \frac{1}{6\psi} \sum_{\varphi=1}^{\psi} \delta(M_\varphi) \qquad (7.4)$$

根据前文给出的备选商业模式生成规则，如果一个商业模式的关键要素选项组中任意一个关键要素选项对的相容性群体评价值 $\delta(O_\sigma^\varphi, O_\vartheta^\varphi)$ 小于所有关键要素选项对的相容性平均评价值 $\bar{\delta}(O)$，则该关键要素选项组不可行，将其从集合 M 中剔除。如果一个商业模式的关键要素选项组的相容性总体评价值 $\delta(M_\varphi)$ 小于所有关键要素选项组的相容性平均评价值 $\bar{\delta}(M)$，则该关键要素选项组不可行，将其从集合 M 中剔除。

这样，剔除所有不满足规则 1 或规则 2 的商业模式的要素选项组，将剩

下的所有商业模式的关键要素选项组都视为备选商业模式，进而可构建备选商业模式集合。为方便起见，将该备选商业模式集合记为 $\bar{M} = \{M_{\bar{\varphi}} \mid \bar{\varphi} \in \Omega\}$，其中 $M_{\bar{\varphi}}$ 表示第 $\bar{\varphi}$ 个备选商业模式，Ω 表示筛选的所有备选商业模式的下标集合。显然，$\bar{M} \subset M$，$\Omega \subset \{1, 2, \cdots, \psi\}$。

7.3　商业模式评价指标权重的确定

本节围绕价值链视角下基于关键要素的商业模式选择的评价指标权重的确定问题，给出一种基于 DEMATEL 方法的商业模式评价指标权重的确定方法。具体地，首先应针对现实中具体公司的商业模式关键要素选项构建评价指标，然后聘请多位专家采用德尔菲法对评价指标进行修正，进一步地，考虑到价值链视角下基于关键要素的商业模式评价指标间存在的关联效应，这里给出一种基于 DEMATEL 方法的评价指标的权重确定方法。

7.3.1　评价指标的构建

由本书第 3 章可知，依据波特（Porter）[20]的价值链理论，现实中，一个企业的商业模式通常可以视为该企业的价值链系统，一个价值链系统包含四个维度，即价值链成员、企业内部价值、渠道和客户价值。这四个维度能很好地体现价值链系统的价值增值过程。这里，为了构建现实中具体企业的商业模式评价指标，本书拟邀请从事商业模式选择方面研究的资深学者、企业高层管理者以及从事企业战略分析的高级咨询顾问，共同组成了专家委员会（F_1, F_2, $\cdots$, F_s）；然后，针对第 6 章确定的企业商业模式关键要素选项，由专家委员会构建商业模式的评价指标；进一步地，采用德尔菲法，对备选评价指标集合进行评价，依据专家委员会对备选评价指标进行评价的结果进行筛选与修正，可建立价值链视角下商业模式评价指标体系。

下面将价值链视角下的商业模式评价指标体系的形成过程阐述如下。

1. 备选评价指标的构建。

由专家委员会依据企业的商业模式关键要素选项，构建备选商业模式评价指标。然后，由专家委员会的专家采用问卷调查的形式，对备选商业模式评价指标进行评价。

2. 调查问卷的设计。

设计价值链视角下的商业模式评价指标体系调查问卷时应该遵循以下几个原则：

（1）明确主题。根据调查主题，从实际出发拟题，问题目的明确，重点突出，不存在可有可无、模棱两可的问题。

（2）结构合理。在设计问卷时，要注意问题的逻辑顺序，做到条理清晰、由简到难。此外，调查问卷的设计还应便于数据整理、校验和统计。

（3）内容简明。调查问卷的调查内容要简单明了，对调查目的没有价值的问题不要列入，同时还应尽量避免重复性问题的出现。

（4）可接受性强。设计调查问卷时应该注意调查者对此问卷的接受程度，尽量增强问题的趣味性；另外，需要进行合理的时间管理，调查对象的调查时间不宜过长。必要时，可以进行一定的物质激励。

根据以上原则，设计价值链视角下的商业模式评价指标体系的调查问卷，要求调查对象对备选商业模式评价指标进行评价。针对每一个具体指标，要求被调查对象从"非常不合理、不合理、基本合理、合理、非常合理"五个等级对该指标的合理程度进行判断，该五个等级分别赋值为1、2、3、4和5。

3. 问卷调查的开展。

本书采用现场专家调查的方式。首先，针对具体企业拟向专家委员会的每位专家发放价值链视角下的商业模式评价指标体系调查问卷；然后，拟向专家委员会介绍企业的基本情况、本次调查活动的目的、意义、成果价值；接下来，拟接受专家委员会针对调查问卷的询问，针对调查问卷中专家不清楚的信息和内容进行探讨，向各位专家就调查问卷中不清晰的内容进行解释；最后，回收调查问卷，对调查问卷展开分析，汇总整体调查结果。

4. 调查问卷的汇总与整理。

本书向专家委员会展示问卷调查的统计结果，并邀请专家委员会的专家们针对统计结果进行探讨，并据此对备选评价指标进行评价的结果进行筛选与修正，可建立价值链视角下针对某具体企业的商业模式评价指标体系。

依据上述步骤，这里以关键要素为"价值主张"为例，简要说明商业模式评价指标构建的基本步骤。首先，由专家委员会的专家依据"价值主张"的关键要素选项，即"个性化的产品或服务"以及"标准化的产品或服务"，构建备选评价指标为："产品或服务的差异性"、"产品或服务的可持续性"和"产品或服务的品牌认知度"。然后，以现场调查的形式向专家们发放调查问卷，邀请专家们对上述三个备选指标进行评价，回收专家们的调查问卷，统计并汇总专家们的意见，将"产品或服务的差异性"确定为商业模式的最终的评价指标。

7.3.2　基于 DEMATEL 方法的商业模式评价指标权重的确定

由第 4 章可知，DEMATEL 方法是运用图论与矩阵工具来进行要素关联分析，通过分析各要素之间直接影响关系的有无和强弱，识别出要素的重要性排序和归类。DEMATEL 方法作为一种分析要素之间关系的有效方法，有助于将复杂的因果关系可视化，考虑到价值链视角下基于关键要素的商业模式评价指标间存在的关联效应，这里给出一种基于 DEMATEL 方法的商业模式评价指标的权重确定方法。下面对给出方法的计算过程进行阐述。

首先，为了便于语言短语的处理与运算，依据式（5.1）所示的二元语义转换函数 $\theta^{[149,151]}$，将专家 F_t 给出的直接关联评价矩阵 $P_t = [p_{ij}^t]_{n \times n}$ 转换为二元语义形式的矩阵 $\tilde{P}_t = [\tilde{p}_{ij}^t]_{n \times n}$，其中，$\tilde{p}_{ij}^t = (p_{ij}^t, 0)$，$p_{ij}^t \in Z$，$t \in S$，$i$，$j \in N$。另外，运用式（5.4）所示的二元语义算术平均算子$^{[149,151]}$，将所有专家的二元语义形式的直接关联评价矩阵 $\tilde{P}_t = [\tilde{p}_{ij}^t]_{n \times n}$ 集结为直接关联群体评价矩阵 $\tilde{G} = [\tilde{g}_{ij}]_{n \times n}$。

其次，依据式（4.1）将直接关联群体评价矩阵 $\tilde{G} = [\tilde{g}_{ij}]_{n \times n}$进行规范化处理，可得到规范化的直接关联群体评价矩阵 $X = [x_{ij}]_{n \times n}$。

再次，依据式（4.2）构建评价指标间的间接关联评价矩阵 $Y = [y_{ij}]_{n \times n}$。

进一步地，依据式（4.3）集结规范化后的直接关联群体评价矩阵 $X = [x_{ij}]_{n \times n}$和间接关联评价矩阵 $Y = [y_{ij}]_{n \times n}$，构建综合关联评价矩阵 $T = [v_{ij}]_{n \times n}$，其中，$v_{ij}$ 表示评价指标 E_i 与 E_j 之间的综合关联程度，i，$j \in N$。

接下来，依据式（4.4）和式（4.5）集结综合关联评价矩阵 $T = [v_{ij}]_{n \times n}$中的行元素和列元素，可计算关于评价指标 E_i 的中心度 α_i 和原因度 γ_i。中心度 α_i 表示评价指标 E_i 在全部评价指标中所起作用的大小，α_i 越大，其所起的作用就越大。原因度 γ_i 则是反映评价指标 E_i 的类型，$\gamma_i > 0$ 表明评价指标 E_i 为原因型，即评价指标 E_i 容易影响其他评价指标；$\gamma_i < 0$ 表明评价指标 E_i 为结果型，即评价指标 E_i 容易受其他评价指标的影响。

最后，确定评价指标（E_1，E_2，$\cdots$，E_n）的权重。若记 $w = (w_1, w_2, \cdots, w_n)$ 为评价指标权重向量，则评价指标 E_i 的权重 w_i 的计算公式为

$$w_i = \sqrt{(\alpha_i)^2 + (\gamma_i)^2} \Big/ \sum_{i=1}^{n} \sqrt{(\alpha_i)^2 + (\gamma_i)^2} \qquad (7.5)$$

7.4 基于群体专家评价的商业模式选择

本节围绕基于群体专家评价的商业模式选择问题，给出一种基于扩展 TOPSIS 方法的商业模式选择的计算方法。具体地，首先给出群体多准则/属性决策方法的相关概念，然后给出扩展 TOPSIS 的方法概述，在此基础上，给出基于扩展 TOPSIS 方法的商业模式选择的计算方法。

7.4.1 预备知识

1. 群体多准则决策。

群决策的基本含义是集中群中各成员的意见和要求，形成群体的意见，并以此为依据做决策[169,174]，也可以将群决策视为一个决策群体如何进行一项联合行动的抉择[174,175]。目前，关于群决策的研究越来越受到人们的重视，其中，群体多准则决策是群决策研究的一个重要内容。其特点是在多个评价指标（即准则）、有限个备选决策方案情形下，首先由多个决策者或专家分别独立地作出评价，然后根据各决策者或专家的决策结果进行最终的综合评价[175]。

群体多准则决策的分析方法有许多种，大体上可分为两种基本类型：一种是前置群体决策，即合并各决策者评价指标集及相应的权向量而得到的并合评价模型并用以进行评价过程及行为；另一种是后置群体决策，即合并各位决策者的决策结果（优序关系）。

2. TOPSIS 方法。

TOPSIS（technique for order preference by similarity to ideal solution）法是黄（Hwang）和尹（Yoon）于 1981 年首次提出[176,177]，该方法根据有限个评价对象与理想化目标的接近程度进行排序，从而作出决策。近年来，TOPSIS 方法在各个领域的多准则决策分析中得到了较为广泛的应用，它的基本原理是通过检测评价对象与正理想解、负理想解的距离来进行排序，若评价对象最靠近正理想解同时又最远离负理想解，则为最佳方案；否则反之为最差方案[176,177]。

为便于描述，设 $Y = \{1, 2, \cdots, y\}$，$X = \{1, 2, \cdots, x\}$。设决策问题的目标集为 $A = \{A_1, A_2, \cdots, A_x\}$，其中 A_k 表示第 k 个目标，$k \in X$；问题的备选方案集为 $B = \{B_1, B_2, \cdots, B_y\}$，其中 $B_l = (B_{l1}, B_{l2}, \cdots, B_{lx})$ 表示第 l 个备选方案，$l \in Y$；设问题的正理想解是 $B^+ = (B_1^+, B_2^+, \cdots, B_x^+)$，其中 B_k^+ 表示目标 A_k 的正理想解，其计算公式为

$$B_k^+ = \max\{B_{lk} \mid l \in Y\}, \ k \in X \tag{7.6}$$

将 Forbeniist 范数作为距离测度，则从任意备选方案 B_l 到正理想解 B^+ 的距离为

$$\|D_l^+\| = \|B_l - B^+\| = \sqrt{\sum_{k=1}^{x} |(B_{lk} - B_k^+)|^2}, \ l \in Y \tag{7.7}$$

同理，设问题的负理想解是 $B^- = (B_1^-, B_2^-, \cdots, B_x^-)$，其中 B_k^- 表示目标 A_k 的负理想解，其计算公式为

$$B_k^- = \min\{B_{lk} \mid l \in Y\}, \ k \in X \tag{7.8}$$

则从任意备选方案 B_l 到负理想解 B_k^- 的距离为

$$\| D_l^- \| = \| B_l - B^- \| = \sqrt{\sum_{k=1}^{x} | (B_{lk} - B_k^-) |^2} , \ l \in Y \qquad (7.9)$$

接着，可计算出备选方案的相对接近度 CD_l，具体计算公式为

$$CD_l = \frac{\| D_l^- \|}{\| D_l^+ \| + \| D_l^- \|}, \ l \in Y \qquad (7.10)$$

根据计算得出的备选方案的相对接近度 CD_l，按由大到小的顺序排列，得出备选方案的排序。

7.4.2 扩展 TOPSIS 方法概述

考虑到价值链视角下基于关键要素的商业模式选择的过程中需要多位专家对多个评价指标进行评价，这里将研究一种前置群体决策，即在多个企业管理者以及决策分析者针对同一决策指标集分别独立地给出决策指标权向量的情形下，将单人决策的 TOPSIS 算法扩展到多人多准则决策。下面对扩展 TOPSIS 方法进行概述。为便于描述，设决策问题目标权重向量为 $w = (w_1, w_2, \cdots, w_x)$，其中 w_k 表示第 k 个目标权重。

首先，由专家 F_t 依据语言评价短语集合 λ 给出的备选方案集 B 对决策问题目标集 A 的评价矩阵 B_t' 为

$$B_t' = \begin{bmatrix} b_{t11} & b_{t12} & \cdots & b_{t1x} \\ b_{t21} & b_{t12} & \cdots & b_{t2x} \\ \vdots & \vdots & \ddots & \vdots \\ b_{ty1} & b_{ty2} & \cdots & b_{tyx} \end{bmatrix}$$

其中，评价矩阵中元素 b_{tlk} 表示第 t 个专家针对第 l 个备选方案在第 k 个目标上给出的语言评价短语，y 为备选方案的数量，x 表示决策问题的目标数量。

进而，可得到针对备选方案 B_l 的评价矩阵 B_l'' 为

$$B_l'' = \begin{bmatrix} b_{1l1} & b_{1l2} & \cdots & b_{1lx} \\ b_{2l1} & b_{2l2} & \cdots & b_{2lx} \\ \vdots & \vdots & \ddots & \vdots \\ b_{sl1} & b_{sl2} & \cdots & b_{slx} \end{bmatrix}$$

然后，根据评价矩阵 B_l''，构建针对备选方案的正理想矩阵和负理想矩阵为

$$B^+ = \begin{bmatrix} b_{11}^+ & b_{12}^+ & \cdots & b_{1x}^+ \\ b_{21}^+ & b_{22}^+ & \cdots & b_{2x}^+ \\ \vdots & \vdots & \ddots & \vdots \\ b_{s1}^+ & b_{s2}^+ & \cdots & b_{sx}^+ \end{bmatrix}, \quad B^- = \begin{bmatrix} b_{11}^- & b_{12}^- & \cdots & b_{1x}^- \\ b_{21}^- & b_{22}^- & \cdots & b_{2x}^- \\ \vdots & \vdots & \ddots & \vdots \\ b_{s1}^- & b_{s2}^- & \cdots & b_{sx}^- \end{bmatrix}$$

其中，正理想矩阵 B^+ 中元素 b_{tk}^+ 和负理想矩阵 B^+ 中元素 b_{tk}^- 的计算公式分别为

$$b_{tk}^+ = \max\{ b_{tlk} \mid l \in Y \}, \quad b_{tk}^+ \in \lambda, \quad t \in S, \quad k \in X \quad (7.11)$$

$$b_{tk}^- = \min\{ b_{tlk} \mid l \in Y \}, \quad b_{tk}^- \in \lambda, \quad t \in S, \quad k \in X \quad (7.12)$$

接下来，计算备选方案评价矩阵与正理想矩阵 B^+ 和负理想矩阵 B^- 的距离。

$$\|D_l^+\| = \|B_l'' - B^+\| = \sqrt{\sum_{k=1}^{x} \sum_{t=1}^{s} w_k (b_{tlk} - b_{tk}^+)^2}, \quad l \in Y \quad (7.13)$$

$$\|D_l^-\| = \|B_l'' - B^-\| = \sqrt{\sum_{k=1}^{x} \sum_{t=1}^{s} w_k (b_{tlk} - b_{tk}^-)^2}, \quad l \in Y \quad (7.14)$$

进一步地，可计算出备选方案的相对接近度 CD_l，具体计算公式为

$$CD_l = \frac{\|D_l^-\|}{\|D_l^+\| + \|D_l^-\|}, \quad l \in Y \quad (7.15)$$

根据计算得出的备选方案的相对接近度 CD_l，按由大到小的顺序排列，得出备选方案的排序。

7.4.3 基于扩展 TOPSIS 的商业模式选择的计算方法

由前文的分析可知，针对价值链视角下基于关键要素的商业模式选择，有必要邀请多位专家对多个商业模式选择的评价指标进行评价，并且必要考虑多个企业管理者以及决策分析者针对同一决策指标集分别独立地给出决策指标权向量。这里，本书将单人决策的 TOPSIS 方法扩展到多人多准则决策的情形，以便进行基于关键要素的商业模式选择。

依据前两节的运算可知，生成的备选商业模式集合为 $\bar{M} = \{M_{\bar{\varphi}} \mid \bar{\varphi} \in \Omega\}$，确定的评价指标权重向量为 $w = (w_1, w_2, \cdots, w_n)$。进一步地，为便于商业模式选择问题的描述，设 $Q_{\bar{\varphi}} = [q_{it}^{\bar{\varphi}}]_{n \times s}$ 表示 s 个专家依据语言评价短语集合 λ 给出的关于备选商业模式 $M_{\bar{\varphi}}$ 的评价矩阵，其中 $q_{it}^{\bar{\varphi}}$ 表示专家 F_t 从语言评价短语集 λ 中选择一个语言短语作为备选商业模式 $M_{\bar{\varphi}}$ 针对评价指标 E_i 的评价值，$i \in N$，$t \in S$，$\bar{\varphi} \in \Omega$。考虑到价值链视角下基于关键要素的商业模式选择问题需要多位专家针对多个指标进行评价，这里给出一种基于扩展 TOPSIS 的商业模式选择的计算方法，下面对给出方法的计算过程进行阐述。

首先，确定针对所有备选商业模式的正理想矩阵 $BM^+ = [\eta_{it}^+]_{n \times s}$ 和负理想矩阵 $BM^- = [\eta_{it}^-]_{n \times s}$，其中元素 η_{it}^+ 和 η_{it}^- 的计算公式分别为

$$\eta_{it}^+ = \max\{q_{it}^{\bar{\varphi}} \mid \bar{\varphi} \in \Omega\}, \quad \eta_{it}^+ \in \lambda, \quad i \in N, \quad t \in S \qquad (7.16)$$

$$\eta_{it}^- = \min\{q_{it}^{\bar{\varphi}} \mid \bar{\varphi} \in \Omega\}, \quad \eta_{it}^- \in \lambda, \quad i \in N, \quad t \in S \qquad (7.17)$$

然后，为了便于语言短语的处理与运算，依据式（5.1）的二元语义转

换函数 $\theta^{[149,151]}$，将针对备选商业模式 $M_{\bar{\varphi}}$ 的评价矩阵 $Q_{\bar{\varphi}} = [q_{it}^{\bar{\varphi}}]_{n \times s}$、正理想矩阵 $BM^+ = [\eta_{it}^+]_{n \times s}$ 和负理想矩阵 $BM^- = [\eta_{it}^-]_{n \times s}$ 分别转化为二元语义形式的矩阵 $\widetilde{Q}_{\bar{\varphi}} = [\tilde{q}_{it}^{\bar{\varphi}}]_{n \times s}$、$\widehat{BM}^+ = [\tilde{\eta}_{it}^+]_{n \times s}$ 和 $\widehat{BM}^- = [\tilde{\eta}_{it}^-]_{n \times s}$，其中，$\tilde{q}_{it}^{\bar{\varphi}} = (q_{it}^{\bar{\varphi}}, 0)$，$\tilde{\eta}_{it}^+ = (\eta_{it}^+, 0)$，$\tilde{\eta}_{it}^- = (\eta_{it}^-, 0)$，$q_{it}^{\bar{\varphi}}$，$\eta_{it}^+$，$\eta_{it}^- \in \lambda$，$\bar{\varphi} \in \Omega$，$i \in N$，$t \in S$。

进一步地，采用矩阵的 Forbeniist 范数作为距离的测度，分别计算备选商业模式 $M_{\bar{\varphi}}$ 的评价矩阵 $\widetilde{Q}_{\bar{\varphi}}$ 与正理想矩阵 $\widehat{BM}^+$ 的距离 $D_{\bar{\varphi}}^+$，以及与负理想矩阵 $\widehat{BM}^-$ 的距离 $D_{\bar{\varphi}}^-$，即

$$\| D_c^+ \| = \| \widetilde{Q}_{\bar{\varphi}} - \widehat{BM}^+ \| = \sqrt{\sum_{i=1}^{n} \sum_{t=1}^{s} w_i (\Delta^{-1}(q_{it}^{\bar{\varphi}}, 0) - \Delta^{-1}(\eta_{it}^+, 0))^2}, \ \bar{\varphi} \in \Omega$$

$$(7.18)$$

$$\| D_c^- \| = \| \widetilde{Q}_{\bar{\varphi}} - \widehat{BM}^- \| = \sqrt{\sum_{i=1}^{n} \sum_{t=1}^{s} w_i (\Delta^{-1}(q_{it}^{\bar{\varphi}}, 0) - \Delta^{-1}(\eta_{it}^-, 0))^2}, \ \bar{\varphi} \in \Omega$$

$$(7.19)$$

其中 Δ^{-1} 表示将二元语义映射为数值的函数[149,151]。

最后，计算关于备选商业模式 $M_{\bar{\varphi}}$ 的相对接近度 $CD_{\bar{\varphi}}$，其计算公式为

$$CD_{\bar{\varphi}} = \frac{\| D_{\bar{\varphi}}^- \|}{\| D_{\bar{\varphi}}^+ \| + \| D_{\bar{\varphi}}^- \|}, \ \bar{\varphi} \in \Omega \qquad (7.20)$$

依据 $CD_{\bar{\varphi}}$ 的大小可得到所有备选商业模式的排序结果。显然，$CD_{\bar{\varphi}}$ 越大，相应的备选商业模式越贴近正理想矩阵且越远离负理想矩阵，即相应的备选商业模式越优。

7.5 本 章 小 结

本章围绕基于关键要素选项组合的商业模式备选方案的生成与优选问题进行研究，其中主要研究了基于关键要素选项组合的商业模式备选方案的生成、商业模式评价指标权重的确定以及基于群体专家评价的商业模式选择等问题，并给出了相应的原理与方法。

在提出的基于关键要素选项组合的商业模式备选方案的生成方法中，考虑了现实中关键要素选项之间可能存在不兼容、不匹配等不相容情况，给出了基于群体专家评价的商业模式关键要素选项间相容性的确定方法，以及基于关键要素选项间相容性评价的备选商业模式生成规则，并基于生成规则提出了商业模式备选方案的生成方法。在商业模式评价指标权重的确定方法中，考虑各评价指标之间并非完全独立而是存在着关联效应，利用指标间存在互补效应、冗余效应以及零效应等的关联效应，给出了基于 DEMATEL 方法的指标权重确定方法。在基于群体专家评价的商业模式选择方法中，考虑了商业模式选择问题的多专家和多指标等特点，将单人决策的 TOPSIS 算法扩展到多人多准则决策，给出了基于扩展 TOPSIS 的商业模式选择的计算方法。

本章提出的方法较好地解决了基于关键要素选项组合的商业模式备选方案的生成与优选问题，不仅丰富了已有相关研究成果，而且还能较好地应用于解决实际的商业模式备选方案的生成与优选问题中。

第 8 章

应用研究：KXF 公司的商业模式选择

为了说明和验证本书提出的价值链视角下基于关键要素的商业模式选择方法的实用性、有效性和可行性，本章以 KXF 公司为例，进行有针对性的应用研究。首先，给出 KXF 公司的背景分析，其中包括 KXF 公司基本概况、KXF 公司现有商业模式现存问题分析，以及 KXF 公司进行商业模式选择的必要性，并在此基础上，给出 KXF 公司商业模式选择的问题描述。然后，针对KXF 公司的实际情况确定其商业模式选择的关键要素，基于相似案例分析确定其商业模式关键要素选项，进而对提取出的关键要素选项进行修正与补充，进一步地，给出关键要素选项间相容性评价，并据此给出 KXF 公司商业模式备选方案的生成与优选，最后给出对商业模式优选结果的相关分析。

8.1 背 景 分 析

本节给出以 KXF 公司商业模式选择为实例的背景分析，主要包括 KXF

公司的基本概况、KXF 公司现有商业模式存在的问题分析以及 KXF 公司商业模式选择的必要性。

8.1.1 KXF 公司基本概况

KXF 公司成立于 1999 年，是一家专业从事智能语音及语言技术、人工智能技术研究、软件及芯片产品开发及语音信息服务的软件企业。公司在智能语音技术领域有着长期的研究积累，并在语音合成、语音识别、口语评测、自然语言处理等多项技术上拥有国际领先的技术成果。作为国内智能语音和人工智能产业的领导者，KXF 公司始终专注于智能语音及语言技术、人工智能技术研究，并逐步建立起以 KXF 公司为核心的人工智能产业生态。

KXF 公司的核心技术分为五大方向：一是语音合成，即让机器可以自然流畅地阅读文字；二是语音识别，即利用云计算识别用户所说语言的意思；三是语音测评，即评价用户语音的准确性，并给出分数，被广泛应用于口语考试领域；四是声纹识别，应用于安全领域；五是手写识别，应用于输入法等。经过多年积累，KXF 公司已推出从大型应用服务到小型嵌入式应用，从电信、金融等行业到企业和消费者用户，从手机到车载，从家电到玩具，能够满足不同应用环境的多种产品。KXF 公司已拥有大型行业合作伙伴 2000 余家，基于其公司开放平台的第三方开发伙伴超过 10 万家，均为不同领域具有优势地位的资源的合作伙伴，持续为中国移动、中国电信、中国联通、英特尔、华为、联想、海尔、上汽、一汽、美的、格兰仕等多家开发伙伴提供服务。以 KXF 公司为核心的中文语音产业链已初具规模。同时，公司面向机器人、智能家居、智能音箱、智能家电等领域提供远场识别、高自然度个性化语音合成、AIUI 等人机交互解决方案和服务，技术领先度、产品多样性和个性化服务水平在业界处于领先地位。

随着云计算、大数据等新一代信息技术的快速发展，人工智能作为 IT 产业的战略性和前瞻性新兴产业方向，具有广阔的产业应用前景。以智能语音为代表的人工智能技术日益引起众多 IT 企业的高度重视。从国内看，以百度、腾讯为代表的互联网企业正在涉足智能语音领域；国际上微软、谷歌、苹果等 IT 巨头不断加大智能语音的研发投入和投资并购，竞争越发趋于白热化。KXF 公司年报显示，2007 年至 2016 年，公司净利润虽然一直保持两位数的同比增长，不过，2015 年净利润增长率由上一年度的 36% 滑落至12.09%，出现较大幅度的下滑，2016 年公司净利增长率依旧未能有明显增幅。

8.1.2　KXF 公司现有商业模式现存问题分析

本小节将对 KXF 公司现有的商业模式进行说明，进而对当前该公司商业模式中存在的问题进行分析。

1. 现有商业模式。

KXF 公司目前所采用的商业模式可以通过对该公司商业模式构成要素的分析来进行说明，具体如下：

（1）价值主张：主要提供的产品和服务为人工智能语音技术和语音服务。

（2）关键伙伴：主要的合作伙伴为教育、医疗、汽车、家电等各行业的龙头企业。

（3）关键业务：B2B 业务为大型应用服务，B2C 业务为小型嵌入式应用。

（4）核心能力：强大的研发能力和技术领先优势。

（5）目标客户：企业用户、政府和个人用户。

（6）分销渠道：目前的 B2B 业务采用直接分销的方式，而 B2C 业务主要通过 APP 市场服务广大的个人用户群。

（7）成本结构：各项成本中人力成本和技术成本所占比率较高。

（8）收入模式：现有收入大多来自 B2B 业务，而 B2C 业务尚未形成稳定的收入来源。

（9）价值链结构：通过为企业客户和政府用户提供的产品组合和技术支持获取利润，其产品组合已经渗透到教育、汽车、政府政务等多个垂直市场，具有一定的竞争优势；同时，KXF 公司的关键业务已经从 B2B 拓展到了 B2C，即扩大个人用户群，开发了输入法、手机应用等。

2. 现有商业模式存在问题分析。

面对日趋激烈的竞争，KXF 公司的净利润增长率逐渐放缓，KXF 公司的管理者以及决策分析者尝试对公司现有的商业模式进行分析，在对当前的行业外部环境和 KXF 公司内部环境进行了全面分析后，给出了 KXF 公司现有商业模式存在的问题分析如下：

（1）缺乏差异化的产品和服务。尽管 KXF 公司通过从自身核心技术出发，开发出系列语音支撑技术，为不同的行业企业和移动互联网开发者提供语音技术和语音应用开发工具，但是随着腾讯、百度等竞争者不断进入语音市场，KXF 公司为客户提供的语音技术产品逐渐失去原有的差异化优势。语音技术已经逐渐进入成熟期，正在各行各业大规模地应用，后续的产品服务缺乏差异性，同时与腾讯、百度等其他竞争者相比，KXF 公司缺乏其产品和服务的品牌价值。

（2）缺乏进一步的市场细分。KXF 公司早期的主营业务以 B2B 为主，近年来逐步开展了 B2C 业务，公司内部对 B 端服务（为企业用户提供服务）和 C 端服务（为个人用户提供服务）的业务尚无具体的细分。KXF 公司从 B2B

向 B2C 的转型虽然积累了一定的用户量和海量数据，但是收入较少，一是由于目前尚无形成清晰的收入模式，二是由于竞争对手纷纷向个人用户提供免费服务，使得 KXF 公司净利润增长率直线下滑，2015 年的净利润增长率创2007 年以来的历史最低点。

（3）缺乏适合长期发展的技术型人才。人工智能语音技术和语言服务行业的关键成功因素是技术，技术的核心在于语音技术核心算法和计算机芯片技术。由于计算机芯片的运行速度不断提高，研究周期长，投入大，而该公司现有的人才短缺的态势将成为该公司长期可持续发展的重要限制因素。

（4）该公司的关键合作伙伴逐渐转为竞争对手。腾讯、百度等曾经的合作伙伴在看到人工智能语音技术市场的广阔前景后，目前正大力进入语音识别和语音搜索等领域，他们借助拥有海量用户的用户语音资源，获取大数据的同时，进行语音相关技术的研究和开发。KXF 公司在人工智能语音技术行业面临越来越大的竞争压力，市场份额在逐年递减。

8.1.3 KXF 公司商业模式选择的必要性

KXF 公司管理者在对该公司现有商业模式中存在的问题进行了细致的分析后，针对行业目前的竞争趋势和 KXF 公司当前的实际情况，对 KXF 公司进行商业模式选择的必要性做出进一步的阐述。

（1）商业模式选择能够帮助 KXF 公司明确价值主张，更好地为目标客户提供差异化、个性化的产品和服务。虽然 KXF 公司在中文的人工智能语音技术领域具有一定的优势，能够为多个行业的企业提供人工智能的语音技术服务，但随着全球化、国际化的步伐加快，一些国际语音技术企业也不断进入中国市场，与此同时，腾讯、百度等原有的合作伙伴逐渐转为竞争对手。面对激烈的市场竞争，为了保持其原有的竞争优势，KXF 公司有必要进行商业模式的重新选择。

（2）商业模式选择能够帮助 KXF 公司明确细分市场，确定未来市场竞争中的目标客户。国内语音市场的竞争激烈，KXF 公司有必要将自身业务范围重新划分，专门为适合公司长远发展的用户群提供服务。

（3）商业模式选择能够帮助 KXF 公司明确其核心资源和能力，并在未来的发展中进一步发挥其各项核心资源优势和能力。以提供语音技术为主的 KXF 公司面临巨大的挑战，因此，KXF 公司有必要进一步明确自身的核心资源和能力，并转化为可持续的竞争优势。

为此，KXF 公司亟须选择更加有利于企业未来发展的商业模式，提高企业价值和竞争力，才能在新一轮人工智能技术革命中取得领先优势，保持行业龙头优势地位。

8.2 KXF 公司商业模式选择的关键要素识别

本节围绕 KXF 公司商业模式选择问题中的关键要素识别问题进行研究，主要包括聘请专家们针对要素的重要性进行评价与分析，以及基于 DEMA-TEL 方法的 KXF 公司商业模式选择的关键要素识别。

8.2.1 针对要素重要性的专家评价与分析

为了进行 KXF 公司商业模式选择的关键要素识别，KXF 公司采用现场调查的方式，分别聘请了来自高校、科研机构、咨询公司的 4 位专家，以及来自 KXF 公司产品研发部、生产部以及市场部的 3 位企业管理者组成了 KXF 公司战略规划委员会对该公司所在行业及公司内部生产经营状况进行分析。

KXF 公司战略规划委员会首先针对 KXF 公司的实际情况，依据语言评价短语 $H = \{ H_0 = \text{VB}(\text{非常不重要}), H_1 = \text{B}(\text{不重要}), H_2 = \text{L}(\text{一般}), H_3 = \text{G}(\text{重要}), H_4 = \text{VG}(\text{非常重要}) \}$，对表 4.1 给出的商业模式构成要素进行评价（调查问卷见附录 B）。然后，将语言评价短语转化为其对应的下标值进行统计与分析，依据式（4.6）和式（4.7）计算出专家评价的平均值和标准差，评价结果如表 8.1 所示。

表 8.1　KXF 公司战略规划小组针对 KXF 公司商业模式构成要素的评价结果

构成要素	平均值	标准差
价值主张（C_1）	4.76	0.11
目标客户（C_2）	4.63	0.24
成本结构（C_3）	3.45	1.35
收入模式（C_4）	4.35	0.56
关键伙伴（C_5）	4.48	0.88
分销渠道（C_6）	4.36	0.23
核心能力（C_7）	4.52	0.17
价值链结构（C_8）	4.15	2.42
关键业务（C_9）	3.12	2.44

将本次调查统计结果的平均值和标准差向战略规划委员的专家们展示，专家们针对每个构成要素得分出现的偏差进行讨论和分析。最终，经过 KXF 公司战略规划委员会的讨论认为：若专家们对构成要素重要程度评价

值的平均值 $\geqslant 4.2$，则相应的构成要素被选出，即价值主张（D_1）、目标客户（D_2）、收入模式（D_3）、关键伙伴（D_4）、分销渠道（D_5）、核心能力（D_6）。

8.2.2　商业模式关键要素识别

为了识别商业模式的关键要素，KXF 公司战略规划委员会的 7 位专家（F_1，F_2，F_3，F_4，F_5，F_6，F_7）分别依据语言评价短语集合 $Z = \{Z_0 = \mathrm{NO}$（无关联），$Z_1 = \mathrm{VL}$（非常低），$Z_2 = \mathrm{L}$（低），$Z_3 = \mathrm{H}$（高），$Z_4 = \mathrm{VH}$（非常高）$\}$ 对上述筛选出的构成要素之间的关联关系进行评价，这里将 KXF 公司战略规划委员会的 7 位专家给出的评价信息转化为直接关联评价矩阵为

$$
F_1 = \begin{bmatrix}
- & \mathrm{VH} & \mathrm{VH} & \mathrm{H} & \mathrm{L} & \mathrm{H} \\
\mathrm{H} & - & \mathrm{L} & \mathrm{H} & \mathrm{VH} & \mathrm{NO} \\
\mathrm{VH} & \mathrm{L} & - & \mathrm{L} & \mathrm{VH} & \mathrm{H} \\
\mathrm{H} & \mathrm{L} & \mathrm{NO} & - & \mathrm{H} & \mathrm{L} \\
\mathrm{VH} & \mathrm{L} & \mathrm{NO} & \mathrm{L} & - & \mathrm{H} \\
\mathrm{VH} & \mathrm{H} & \mathrm{H} & \mathrm{VH} & \mathrm{H} & -
\end{bmatrix},\quad
F_2 = \begin{bmatrix}
- & \mathrm{VH} & \mathrm{VH} & \mathrm{H} & \mathrm{L} & \mathrm{H} \\
\mathrm{H} & - & \mathrm{H} & \mathrm{H} & \mathrm{VH} & \mathrm{VL} \\
\mathrm{H} & \mathrm{H} & - & \mathrm{VL} & \mathrm{VH} & \mathrm{H} \\
\mathrm{H} & \mathrm{L} & \mathrm{VL} & - & \mathrm{H} & \mathrm{L} \\
\mathrm{VH} & \mathrm{L} & \mathrm{NO} & \mathrm{L} & - & \mathrm{L} \\
\mathrm{H} & \mathrm{H} & \mathrm{VH} & \mathrm{VH} & \mathrm{L} & -
\end{bmatrix},
$$

$$
F_3 = \begin{bmatrix}
- & \mathrm{VH} & \mathrm{VH} & \mathrm{H} & \mathrm{L} & \mathrm{H} \\
\mathrm{H} & - & \mathrm{H} & \mathrm{H} & \mathrm{VH} & \mathrm{NO} \\
\mathrm{VH} & \mathrm{H} & - & \mathrm{L} & \mathrm{VH} & \mathrm{H} \\
\mathrm{H} & \mathrm{H} & \mathrm{VL} & - & \mathrm{H} & \mathrm{L} \\
\mathrm{VH} & \mathrm{L} & \mathrm{NO} & \mathrm{L} & - & \mathrm{NO} \\
\mathrm{VH} & \mathrm{H} & \mathrm{H} & \mathrm{VH} & \mathrm{H} & -
\end{bmatrix},\quad
F_4 = \begin{bmatrix}
- & \mathrm{VH} & \mathrm{VH} & \mathrm{H} & \mathrm{H} & \mathrm{H} \\
\mathrm{H} & - & \mathrm{H} & \mathrm{H} & \mathrm{VH} & \mathrm{NO} \\
\mathrm{VH} & \mathrm{L} & - & \mathrm{L} & \mathrm{VH} & \mathrm{H} \\
\mathrm{H} & \mathrm{VH} & \mathrm{VL} & - & \mathrm{H} & \mathrm{L} \\
\mathrm{VH} & \mathrm{H} & \mathrm{VL} & \mathrm{L} & - & \mathrm{L} \\
\mathrm{VH} & \mathrm{H} & \mathrm{VH} & \mathrm{VH} & \mathrm{H} & -
\end{bmatrix},
$$

$$F_5 = \begin{bmatrix} - & VH & H & H & L & H \\ H & - & L & H & VH & VL \\ VH & L & - & L & VH & H \\ H & L & NO & - & H & H \\ VH & VL & NO & L & - & H \\ VH & H & VH & H & VL & - \end{bmatrix}, \quad F_6 = \begin{bmatrix} - & H & VH & H & L & H \\ H & - & H & H & VH & L \\ VH & H & - & H & VH & H \\ H & L & NO & - & H & L \\ H & L & NO & L & - & H \\ H & H & H & VH & VL & - \end{bmatrix},$$

$$F_7 = \begin{bmatrix} - & VH & VH & VH & H & H \\ H & - & L & H & VH & NO \\ VH & H & - & L & H & VH \\ H & L & NO & - & H & L \\ VH & L & VL & L & - & H \\ VH & H & VH & L & VH & - \end{bmatrix}$$

然后，根据语言评价短语与其下标值的对应关系，将 7 位专家针对 KXF 公司商业模式构成要素给出的直接关联评价信息转化为其对应的下标值，并运用式（4.8）对 7 位专家给出的构成要素间的直接关联评价信息进行集结，如表 8.2 所示。

表 8.2　　　　集结后的商业模式构成要素间的直接关联评价信息

构成要素	构成要素					
	D_1	D_2	D_3	D_4	D_5	D_6
D_1	0.00	5.75	5.75	4.50	3.25	4.50
D_2	4.50	0.00	4.00	4.50	6.00	1.00
D_3	5.75	3.75	0.00	3.00	6.00	4.50
D_4	4.50	3.75	0.75	0.00	4.50	3.25
D_5	5.75	3.00	0.25	3.00	0.00	3.25
D_6	5.50	4.50	5.25	5.75	3.25	0.00

进一步地，根据式（4.1），将 KXF 公司构成要素的直接关联评价信息进行规范化处理，得到规范化的直接关联评价信息，如表 8.3 所示。

表 8.3　　　　规范化的商业模式构成要素间的直接关联评价信息

构成要素	构成要素					
	D_1	D_2	D_3	D_4	D_5	D_6
D_1	0.000	0.237	0.237	0.186	0.134	0.186
D_2	0.186	0.000	0.165	0.186	0.247	0.041
D_3	0.237	0.155	0.000	0.124	0.247	0.186
D_4	0.186	0.155	0.031	0.000	0.186	0.134
D_5	0.237	0.124	0.010	0.124	0.000	0.134
D_6	0.227	0.186	0.216	0.237	0.134	0.000

接下来，根据式（4.2）和式（4.3）计算得到 KXF 公司商业模式构成要素间的综合关联评价信息，如表 8.4 所示。并依据式（4.4）计算得到 KXF 公司商业模式构成要素的中心度，如表 8.5 所示。

表 8.4　　　　KXF 公司商业模式构成要素间的综合关联评价信息

构成要素	构成要素					
	D_1	D_2	D_3	D_4	D_5	D_6
D_1	1.062	1.085	0.901	1.037	1.078	0.878
D_2	1.033	0.732	0.707	0.876	0.991	0.645
D_3	1.223	0.997	0.682	0.962	1.120	0.859
D_4	0.919	0.776	0.543	0.636	0.838	0.635
D_5	0.913	0.720	0.506	0.713	0.639	0.608
D_6	1.264	1.064	0.896	1.090	1.089	0.737

表 8.5　　　　　　　　　　**KXF 公司商业模式构成要素的中心度**

中心度	构成要素					
	D_1	D_2	D_3	D_4	D_5	D_6
α_k	6.04	4.98	5.84	4.35	4.10	6.14

为了提取 KXF 公司商业模式选择的关键要素，根据 KXF 公司战略规划委员会事先确定的商业模式构成要素最大中心度百分比 $\psi = 0.75$，依据式 (4.9) 计算出中心度提取阈值 $\xi = 4.6$，当满足 $\alpha_k \geqslant 4.6$ 时，相应的商业模式构成要素将被提取，最终提取出的价值链视角下 KXF 公司商业模式选择的关键要素为：价值主张（H^{I}）、目标客户（H^{II}）、收入模式（H^{III}）、核心能力（H^{IV}）。

8.3　KXF 公司商业模式关键要素选项的确定

本节围绕 KXF 公司商业模式选择问题中的关键要素选项的确定问题进行研究，主要包括商业模式案例的属性权重的确定、商业模式相似历史案例的提取，以及备选商业模式关键要素选项的确定。

8.3.1　商业模式案例的属性权重的确定

KXF 公司战略规划委员会依据企业外部环境和企业内部环境，收集了 10 个国内外语音行业内的相似企业或相似行业的跨行业相似企业的一些实际情况，以及所采用的商业模式的相关信息。下面按照本书 5.3 节关于商业模式案例的属性权重的确定方法，分别给出主观权重确定、客观权重确定以及主客观权重融合的具体计算过程。

1. 主观权重的确定。

KXF 公司战略规划委员会的 7 位专家依据语言评价短语集合 $S = \{S_0 = \mathrm{VB}$（非常不重要），$S_1 = \mathrm{B}$（不重要），$S_2 = \mathrm{L}$（一般），$S_3 = \mathrm{G}$（重要），$S_4 = \mathrm{VG}$（非常重要）$\}$ 分别对 KXF 公司的外部环境属性，即行业内产品差异化程度（C_1^V）、行业生命周期（C_2^V）、产品需求弹性（C_3^V）、产业关联度（C_4^V）、生产技术程度（C_5^V）和 KXF 公司内部环境属性，即净资产收益率（C_1^E）、市场份额（C_2^E）、流动资产周转率（C_3^E）、研发费用比率（C_4^E）、存货比率（C_5^E）的重要程度进行评价，具体如表 8.6 和表 8.7 所示。

表 8.6　　　KXF 公司外部环境描述的属性重要程度评价信息

专家	外部环境属性				
	C_1^V	C_2^V	C_3^V	C_4^V	C_5^V
F_1	VG	G	G	L	G
F_2	VG	VG	G	B	VG
F_3	VG	L	B	VG	VG
F_4	G	G	L	B	L
F_5	G	L	VB	G	G
F_6	VG	G	L	G	B
F_7	G	B	B	L	VB

依据式（5.1），将 7 位专家给出的语言短语形式的重要程度评价值转化为其对应的二元语义形式，如表 8.8 和表 8.9 所示。

表 8.7　　　　　KXF 公司内部环境描述的属性重要程度评价信息

专家	外部环境属性				
	C_1^E	C_2^E	C_3^E	C_4^E	C_5^E
F_1	VG	G	VG	L	VB
F_2	G	VG	G	B	G
F_3	VG	VG	B	G	G
F_4	G	G	VB	B	L
F_5	G	L	L	VB	L
F_6	VG	G	L	VB	B
F_7	G	B	B	L	G

表 8.8　转化为二元语义形式后的 **KXF** 公司外部环境描述的属性重要程度评价信息

专家	外部环境属性				
	C_1^V	C_2^V	C_3^V	C_4^V	C_5^V
F_1	(VG, 0)	(G, 0)	(G, 0)	(L, 0)	(G, 0)
F_2	(VG, 0)	(VG, 0)	(G, 0)	(B, 0)	(VG, 0)
F_3	(VG, 0)	(L, 0)	(B, 0)	(VG, 0)	(VG, 0)
F_4	(G, 0)	(G, 0)	(L, 0)	(B, 0)	(L, 0)
F_5	(G, 0)	(L, 0)	(VB, 0)	(G, 0)	(G, 0)
F_6	(VG, 0)	(G, 0)	(L, 0)	(G, 0)	(B, 0)
F_7	(G, 0)	(B, 0)	(B, 0)	(L, 0)	(VB, 0)

表 8.9　转化为二元语义形式后的 **KXF** 公司内部环境的属性重要程度评价信息

专家	外部环境属性				
	C_1^E	C_2^E	C_3^E	C_4^E	C_5^E
F_1	(VG, 0)	(G, 0)	(VG, 0)	(L, 0)	(VB, 0)
F_2	(G, 0)	(VG, 0)	(G, 0)	(B, 0)	(G, 0)

续表

专家	外部环境属性				
	C_1^E	C_2^E	C_3^E	C_4^E	C_5^E
F_3	(VG, 0)	(VG, 0)	(B, 0)	(G, 0)	(G, 0)
F_4	(G, 0)	(G, 0)	(VB, 0)	(B, 0)	(L, 0)
F_5	(G, 0)	(L, 0)	(L, 0)	(VB, 0)	(L, 0)
F_6	(VG, 0)	(G, 0)	(L, 0)	(VB, 0)	(B, 0)
F_7	(G, 0)	(B, 0)	(B, 0)	(L, 0)	(G, 0)

进一步地，依据式（5.8）将转化为二元语义形式后的 KXF 公司外部环境描述和 KXF 公司内部环境描述的属性重要程度评价值进行集结，在此基础上，依据式（5.9）分别计算出关于 KXF 公司外部环境属性 C_j^V 的主观权重 v_j^V 和 KXF 公司内部环境的属性 C_l^E 的主观权重向量 $v_l^{E'}$，如表 8.10 和表 8.11 所示。

表 8.10　　　　　　　　**KXF 公司外部环境的属性的主观权重**

主观权重	外部环境属性				
	C_1^V	C_2^V	C_3^V	C_4^V	C_5^V
v_j^V	0.28	0.21	0.14	0.18	0.19

表 8.11　　　　　　　　**KXF 公司内部环境的属性的主观权重**

主观权重	外部环境属性				
	C_1^E	C_2^E	C_3^E	C_4^E	C_5^E
$v_l^{E'}$	0.3	0.25	0.16	0.11	0.18

2. 客观权重的确定。

首先，整理商业模式相似历史案例和商业模式目标案例的企业外部环境描述和企业内部环境描述的属性值信息，对商业模式目标案例和商业模式历史案例的企业外部环境的属性描述中，"行业生命周期"（C_2^V）可以用"初创期"、"成长期"、"成熟期"和"衰退期"等符号型信息来描述，其他属性的描述则通过语言型信息给出，采用的语言短语评价信息集为 $\beta = \{\beta_1 = \text{VL}$（非常低），$\beta_2 = \text{L}(\text{低})$，$\beta_3 = \text{M}(\text{一般})$，$\beta_4 = \text{H}(\text{高})$，$\beta_5 = \text{VH}(\text{非常高})\}$，对目标案例和历史案例的企业内部环境描述的属性值信息均可通过数值型信息给出。商业模式目标案例和商业模式历史案例的企业外部环境描述和企业内部环境描述的属性值如表 8.12 ~ 表 8.13 所示。其中，描述企业外部环境的属性包括 5 个：行业内产品差异化程度（C_1^V）、行业生命周期（C_2^V）、产品需求弹性（C_3^V）、产业关联度（C_4^V）和生产技术程度（C_5^V）；描述企业内部环境的属性包括 5 个：净资产收益率（C_1^E）、市场份额（C_2^E）、流动资产周转率（C_3^E）、研发费用比率（C_4^E）和存货比率（C_5^E）。

表 8.12　商业模式目标案例与商业模式历史案例关于企业外部环境属性（值）信息

案例	外部环境属性				
	C_1^V	C_2^V	C_3^V	C_4^V	C_5^V
A_1	VL	成熟期	VL	VL	VL
A_2	VL	初创期	VL	VL	VL
A_3	L	成长期	L	L	L
A_4	H	初创期	H	H	H
A_5	M	成长期	L	M	M
A_6	VH	衰退期	VH	VH	VH
A_7	L	成熟期	L	L	L

续表

案例	外部环境属性				
	C_1^V	C_2^V	C_3^V	C_4^V	C_5^V
A_8	H	成长期	H	H	H
A_9	M	衰退期	M	H	M
A_{10}	VH	成熟期	VH	VH	VH
A^*	H	成熟期	VL	VH	VH

表 8.13 　　　　　**商业模式目标案例与商业模式历史案例**

　　　　　　　　关于企业内部环境的属性（值）信息　　　　单位：%

案例	外部环境属性				
	C_1^E	C_2^E	C_3^E	C_4^E	C_5^E
A_1	7.84	7.5	66	1.67	2.81
A_2	6.14	3.8	67	1.9	3.15
A_3	9.85	12	48	1.5	2.35
A_4	11.38	17.5	78	0.79	1.5
A_5	7.85	9.8	69	3.4	1.79
A_6	6.63	5.36	88	4.3	3.4
A_7	2.28	5.6	45	0.95	6.1
A_8	3.54	1.8	74	0.1	2.35
A_9	9.45	11.4	56	3.1	4.6
A_{10}	15.36	18.3	96	0.07	5.7
A^*	8.21	8.6	72	2.9	2.11

接下来，依据式（5.10）～式（5.12）计算出企业外部环境描述属性 C_j^V 的信息熵值 $H(C_j^V)$ 如表 8.14 所示，并依据式（5.14）～式（5.16）计算出企业内部环境描述属性 C_l^E 的信息熵值 $H(C_l^E)$ 如表 8.15 所示。

表8.14　　　　　　　　　企业外部环境的信息熵值

信息熵值	外部环境属性				
	C_1^V	C_2^V	C_3^V	C_4^V	C_5^V
$H(C_j^V)$	0.28	0.65	0.00	0.46	0.29

表8.15　　　　　　　　　企业内部环境的信息熵值

信息熵值	外部环境属性				
	C_1^E	C_2^E	C_3^E	C_4^E	C_5^E
$H(C_j^E)$	0.95	0.91	0.88	0.43	0.74

最后，依据式（5.13）可分别计算出企业外部环境描述属性 C_j^V 的客观权重 $\gamma_j^{V'}$ 和企业内部环境描述属性 C_l^E 的客观权重 $\gamma_l^{E'}$，如表8.16和表8.17所示。

表8.16　　　　　　　　KXF 公司外部环境属性的客观权重

客观权重	外部环境属性				
	C_1^V	C_2^V	C_3^V	C_4^V	C_5^V
$\gamma_j^{V'}$	0.22	0.11	0.30	0.16	0.21

表8.17　　　　　　　　KXF 公司内部环境属性的客观权重

客观权重	外部环境属性				
	C_1^E	C_2^E	C_3^E	C_4^E	C_5^E
$\gamma_l^{E'}$	0.05	0.08	0.11	0.52	0.24

3. 主观权重与客观权重的融合。

依据式（5.17），将企业外部环境属性的主观权重向量 $v^V = (v_1^{V'}, v_2^{V'}, v_3^{V'}, v_4^{V'}, v_5^{V'})$ 和客观权重向量 $\gamma^V = (\gamma_1^{V'}, \gamma_2^{V'}, \gamma_3^{V'}, \gamma_4^{V'}, \gamma_5^{V'})$ 进行融合，得到 KXF 公司外部环境属性的最终权重向量 $w^V = (w_1^V, w_2^V, w_3^V, w_4^V, w_5^V)$ 如表 8.18 所示。运用上述方法，对 KXF 公司内部环境描述属性的主客观权重向量进行融合，可得到 KXF 公司内部环境描述属性的最终权重向量 $w^E = (w_1^E, w_2^E, w_3^E, w_4^E, w_5^E)$ 如表 8.19 所示。

表 8.18　　KXF 公司外部环境属性的主观、客观以及主客观综合权重

外部环境属性	权重分类		
	$v_j^{V'}$	$\gamma_j^{V'}$	w_j^V
C_1^V	0.28	0.22	0.32
C_2^V	0.21	0.11	0.11
C_3^V	0.14	0.30	0.21
C_4^V	0.18	0.16	0.15
C_5^V	0.19	0.21	0.21

表 8.19　　KXF 公司内部环境属性的主观、客观以及主客观综合权重

外部环境属性	权重分类		
	$v_j^{E'}$	$\gamma_j^{E'}$	w_j^E
C_1^E	0.30	0.05	0.09
C_2^E	0.25	0.08	0.13
C_3^E	0.16	0.11	0.12
C_4^E	0.11	0.52	0.38
C_5^E	0.18	0.24	0.28

8.3.2　商业模式相似历史案例的提取

本节主要是在计算出企业外部环境属性相似度 $sim_j(V^*, V_i)$ 和企业内部环境属性相似度 $sim_l(E^*, E_i)$ 的基础上，利用前文得到的 KXF 公司外部环境属性的综合权重向量 $w^V = (w_1^V, w_2^V, w_3^V, w_4^V, w_5^V)$ 和 KXF 公司内部环境描述属性的综合权重向量 $w^E = (w_1^E, w_2^E, w_3^E, w_4^E, w_5^E)$，得到商业模式案例的相似度；并利用 KXF 公司战略规划委员会给出的商业模式目标案例与商业模式历史案例间的企业外部环境的最大相似度百分比 $\psi^V = 0.75$ 和企业内部环境的最大相似度百分比 $\psi^E = 0.75$，计算出商业模式目标案例与商业模式历史案例间的企业外部环境相似度阈值和企业内部环境相似度阈值；进而从收集的10 个企业的相关信息中提取出相似历史案例，为后续的价值链视角下商业模式关键要素选项的确定奠定基础。10 个历史案例和目标案例关于企业外部环境、企业内部环境的属性（值）信息如表 8.12 和表 8.13 所示。

首先，依据式 (5.18)、式 (5.19)、式 (5.21)，计算商业模式目标案例 A^* 与商业模式历史案例 A_i 间的企业外部环境属性相似度 $sim_j(V^*, V_i)$，企业内部环境属性相似度 $sim_l(E^*, E_i)$，计算结果如表 8.20 所示。

表 8.20　　相似度 $sim_j(V^*, V_i)$ 和 $sim_l(E^*, E_i)$ 的计算结果

相似度	历史案例									
	A_1	A_2	A_3	A_4	A_5	A_6	A_7	A_8	A_9	A_{10}
$sim_1(V^*, V_i)$	0.25	0.25	0.50	1.00	0.75	0.75	0.50	1.00	0.75	0.75
$sim_2(V^*, V_i)$	0.00	0.00	1.00	0.00	1.00	0.00	0.00	1.00	0.00	0.00
$sim_3(V^*, V_i)$	1.00	1.00	0.75	0.25	0.75	0.00	0.75	0.25	0.50	0.00

续表

相似度	历史案例									
	A_1	A_2	A_3	A_4	A_5	A_6	A_7	A_8	A_9	A_{10}
$sim_4(V^*, V_i)$	0.00	0.00	0.25	0.75	0.50	1.00	0.25	0.75	0.75	1.00
$sim_5(V^*, V_i)$	0.00	0.00	0.25	0.75	0.50	1.00	0.25	0.75	0.50	1.00
$sim_1(E^*, E_i)$	0.97	0.84	0.87	0.76	0.97	0.88	0.55	0.64	0.91	0.45
$sim_2(E^*, E_i)$	0.93	0.69	0.78	0.43	0.92	0.79	0.81	0.57	0.82	0.38
$sim_3(E^*, E_i)$	0.88	0.90	0.53	0.88	0.94	0.69	0.47	0.96	0.69	0.53
$sim_4(E^*, E_i)$	0.71	0.77	0.67	0.51	0.88	0.67	0.54	0.34	0.95	0.34
$sim_5(E^*, E_i)$	0.85	0.77	0.95	0.87	0.93	0.72	0.13	0.95	0.46	0.22

其次，依据式（5.20）、式（5.22），计算商业模式目标案例 A^* 与商业模式历史案例 A_i 间的企业外部环境相似度 $sim(V^*, V_i)$，企业内部环境相似度 $sim(E^*, E_i)$，其计算结果如表 8.21 所示。

再次，依据式（5.23）~式（5.24），计算相似度阈值 $\xi^V = 0.56$，$\xi^E = 0.69$。

最后，依据第 5 章给出的商业模式相似历史案例集的构建方法，可确定 KXF 公司商业模式相似历史案例集为：$A^{sim} = \{A_1, A_2, A_3, A_5, A_6, A_{10}\}$。

表 8.21　　　　相似度 $sim(V^*, V_i)$ 和 $sim(E^*, E_i)$ 的计算结果

相似度	历史案例									
	A_1	A_2	A_3	A_4	A_5	A_6	A_7	A_8	A_9	A_{10}
$sim(V^*, V_i)$	0.58	0.61	0.59	0.64	0.69	0.60	0.41	0.75	0.56	0.60
$sim(E^*, E_i)$	0.82	0.78	0.76	0.66	0.92	0.72	0.46	0.64	0.66	0.77

8.3.3 备选商业模式关键要素选项的生成

KXF公司战略规划委员会收集到针对相似历史案例关于商业模式关键要素，即价值主张（H^I）、目标客户（H^{II}）、收入模式（H^{III}）、核心能力（H^{IV}）的关键要素选项信息如表8.22所示。

表8.22　　　相似历史案例关于采用的商业模式的关键要素选项信息

历史案例	关键要素			
	价值主张（H^I）	目标客户（H^{II}）	收入模式（H^{III}）	核心能力（H^{IV}）
A_1	个性化产品或服务	政府	自觉性模式	技术优势
A_2	标准化产品或服务	生产商	单一模式	成本优势
A_3	个性化产品或服务	个体消费者	多种模式	质量优势
A_4	虚拟产品或服务	中间商	自发性模式	资源优势
A_5	实体产品或服务	生产商	自觉性模式	技术优势
A_6	标准化产品或服务	个体消费者	自发性模式	品牌优势

通过对相似历史案例关于商业模式关键要素选项信息进行提取、整理，可得到KXF公司商业模式关键要素选项集合如表8.23所示。

表8.23　　　　　　　　关键要素选项集合

关键要素	选项				
H^I	标准化产品或服务	个性化产品或服务	实体产品或服务	虚拟产品或服务	—
H^{II}	个体消费者	生产商	政府	中间商	—
H^{III}	自发性模式	自觉性模式	多种模式	单一模式	—
H^{IV}	技术优势	成本优势	质量优势	品牌优势	资源优势

8.4 KXF 公司商业模式关键要素选项的修正与补充

本节围绕 KXF 公司商业模式选择问题中的关键要素选项的修正与补充问题进行研究，主要包括关键要素选项的修正与补充和关键要素选项间相容性的评价。

首先，KXF 公司战略规划委员会对表 8.23 所示的商业模式关键要素 H^{I}，H^{II}，H^{III}，H^{IV} 的关键要素选项按照从上到下，自左向右的顺序依次汇总，形成商业模式关键要素选项总集合 $\{O_{\mu(1)}, O_{\mu(2)}, \cdots, O_{\mu(17)}\}$。

然后，由 KXF 公司战略规划委员会 7 位专家依据语言评价短语集合 $Y = \{Y_0 = \mathrm{VB}(非常不重要), Y_1 = \mathrm{B}(不重要), Y_2 = \mathrm{L}(一般), Y_3 = \mathrm{G}(重要), Y_4 = \mathrm{VG}(非常重要)\}$ 对商业模式关键要素选项总集合 $\{O_{\mu(1)}, O_{\mu(2)}, \cdots, O_{\mu(17)}\}$ 的重要程度逐一进行评价（调查问卷见附录 C），评价信息如表 8.24 所示。

表 8.24　　　　　　　　　　**关键要素选项重要程度评价信息**

关键要素选项	专家						
	F_1	F_2	F_3	F_4	F_5	F_6	F_7
标准化产品或服务（$O_{\mu(1)}$）	VG	VG	VG	G	VG	G	G
个性化产品或服务（$O_{\mu(2)}$）	VG	VG	VG	G	VG	G	G
实体产品或服务（$O_{\mu(3)}$）	L	B	B	G	L	L	L
虚拟产品或服务（$O_{\mu(4)}$）	L	B	B	G	L	L	L
个体消费者（$O_{\mu(5)}$）	L	G	L	L	L	L	G
生产商（$O_{\mu(6)}$）	G	L	G	L	L	L	L
政府（$O_{\mu(7)}$）	L	G	L	G	L	L	L

关键要素选项	专家						
	F_1	F_2	F_3	F_4	F_5	F_6	F_7
中间商（$O_{\mu(8)}$）	B	L	L	B	G	L	L
自发性模式（$O_{\mu(9)}$）	B	VB	G	L	G	L	VB
自觉性模式（$O_{\mu(10)}$）	B	G	L	L	L	L	VB
多种模式（$O_{\mu(11)}$）	VG	G	G	L	G	L	G
单一模式（$O_{\mu(12)}$）	VG	G	G	L	G	L	G
技术优势（$O_{\mu(13)}$）	G	G	VG	VG	G	VG	VG
成本优势（$O_{\mu(14)}$）	B	L	VB	L	L	VB	L
质量优势（$O_{\mu(15)}$）	VG	VG	G	G	G	L	G
品牌优势（$O_{\mu(16)}$）	VB	B	L	L	L	L	G
资源优势（$O_{\mu(17)}$）	L	L	G	L	L	L	L

然后，根据语言评价短语与其下标值的对应关系，将语言评价短语转化为其对应的下标值，并运用式（4.6），将专家给出的关键要素选项的重要程度评价值进行集结，计算出关键要素选项的重要程度评价值的平均值（$e_{\mu(p)}$），如表8.25所示。进一步地，依据（4.7）计算关键要素选项的重要程度评价值的标准差 $d_{\mu(p)}$ 如表8.26所示。

表8.25　　　　商业模式关键要素选项的重要程度评价信息的平均值

平均值	关键要素选项								
	$O_{\mu(1)}$	$O_{\mu(2)}$	$O_{\mu(3)}$	$O_{\mu(4)}$	$O_{\mu(5)}$	$O_{\mu(6)}$	$O_{\mu(7)}$	$O_{\mu(8)}$	$O_{\mu(9)}$
$e_{\mu(p)}$	3.57	3.57	1.86	1.86	2.29	2.29	2.29	1.86	0.71
平均值	关键要素选项								
	$O_{\mu(10)}$	$O_{\mu(11)}$	$O_{\mu(12)}$	$O_{\mu(13)}$	$O_{\mu(14)}$	$O_{\mu(15)}$	$O_{\mu(16)}$	$O_{\mu(17)}$	
$e_{\mu(p)}$	0.71	2.43	2.43	3.57	1.43	3.14	1.71	2.14	

表 8.26　　　　　商业模式关键要素选项的重要程度评价值的标准差

平均值	关键要素选项								
	$O_{\mu(1)}$	$O_{\mu(2)}$	$O_{\mu(3)}$	$O_{\mu(4)}$	$O_{\mu(5)}$	$O_{\mu(6)}$	$O_{\mu(7)}$	$O_{\mu(8)}$	$O_{\mu(9)}$
$d_{\mu(p)}$	0.49	0.49	0.49	1.71	0.41	1.29	0.41	1.71	0.94

平均值	关键要素选项							
	$O_{\mu(10)}$	$O_{\mu(11)}$	$O_{\mu(12)}$	$O_{\mu(13)}$	$O_{\mu(14)}$	$O_{\mu(15)}$	$O_{\mu(16)}$	$O_{\mu(17)}$
$d_{\mu(p)}$	1.27	0.82	0.96	0.49	2.14	0.49	0.69	0.24

将统计结果向专家展示，请专家针对 KXF 公司的实际情况进行修正，现在将得到的专家主要建议汇总如下：

（1）5 位专家分别指出关键要素"核心能力"所对应的选项中，"资源优势"可以包含于"技术优势"中，故建议剔除。

（2）3 位专家分别指出关键要素"核心能力"所对应的选项中，"知识优势"可以包含于"技术优势"中，故建议剔除。

（3）8 位专家认为关键要素"目标客户"所对应的选项中，"中间商"和"生产商"可以统一归纳为"企业用户"。

（4）4 位专家分别指出关键要素"目标客户"所对应的选项中，应将"政府"修改为"政府及事业单位"。

（5）3 位专家分别指出关键要素"目标客户"所对应的选项中，"个体消费者"修改为"个人用户"。

（6）4 位专家分别提出关键要素"价值主张"所对应的选项中，建议将"实体产品"和"虚拟产品"删除。

（7）3 位专家分别指出关键要素"收入模式"所对应的选项中，"自发性模式"和"自觉性模式"建议删除。

由此，确定商业模式关键要素选项如表8.27所示。

表8.27 　　　　　　　　　　　　**修正后的关键要素选项**

关键要素	关键要素选项及相关描述
价值主张（H^{I}）	标准化产品或服务（O_1^{I}）：以标准化的产品或服务为主，其他为辅
	个性化产品或服务（O_1^{II}）：以个性化的产品或服务为主，其他为辅
目标客户（H^{II}）	个人用户（O_1^{II}）：以个人用户为主，其他为辅
	企业用户（O_2^{II}）：以企业用户为主，其他为辅
	政府及事业单位（O_3^{II}）：以政府及事业单位为主，其他为辅
收入模式（H^{III}）	单一模式（O_1^{III}）：一种盈利方式为主，其他为辅
	多种模式（O_2^{III}）：一种以上的盈利方式为主，其他为辅
核心能力（H^{IV}）	技术优势（O_1^{IV}）：重点利用技术优势，其他为辅
	成本优势（O_2^{IV}）：重点利用成本优势，其他为辅
	质量优势（O_3^{IV}）：重点利用质量优势，其他为辅

为了进一步对关键要素选项进行补充，由 KXF 公司战略规划委员会的 7 位专家采用头脑风暴法，对修正后的 KXF 公司的商业模式关键要素选项进行探讨。现将专家的意见汇总如下：

（1）5 位专家分别指出关键要素"核心能力"所对应的选项中，应添加"人才优势"。

（2）3 位专家分别指出关键要素"核心能力"所对应的选项中，应添加"品牌优势"。

进一步地，采纳和吸取专家们的建议，确定商业模式关键要素选项如表 8.28 所示。

表 8.28　　　　　　　　　　　　　　　　补充后的关键要素选项

关键要素	关键要素选项及相关描述
价值主张（H^{I}）	标准化产品或服务（O_1^{I}）：以标准化的产品或服务为主，其他为辅
	个性化产品或服务（O_2^{I}）：以个性化的产品或服务为主，其他为辅
目标客户（H^{II}）	个人用户（O_1^{II}）：以个人用户为主，其他为辅
	企业用户（O_2^{II}）：以企业用户为主，其他为辅
	政府及事业单位（O_3^{II}）：以政府及事业单位为主，其他为辅
收入模式（H^{III}）	单一模式（O_1^{III}）：一种盈利方式为主，其他为辅
	多种模式（O_2^{III}）：一种以上的盈利方式为主，其他为辅
核心能力（H^{IV}）	技术优势（O_1^{IV}）：重点利用技术优势，其他为辅
	成本优势（O_2^{IV}）：重点利用成本优势，其他为辅
	质量优势（O_3^{IV}）：重点利用质量优势，其他为辅
	人才优势（O_4^{IV}）：重点利用人才优势，其他为辅
	品牌优势（O_5^{IV}）：重点利用品牌优势，其他为辅

8.5　KXF 公司商业模式备选方案的生成与优选

本节围绕 KXF 公司商业模式选择问题中的商业模式备选方案的生成与优选问题进行研究，主要包括 KXF 公司商业模式备选方案的生成、KXF 公司商业模式评价指标的构建以及 KXF 公司商业模式的优选。

8.5.1　KXF 公司商业模式备选方案的生成

首先，依据表 8.28 构建关于商业模式的关键要素选项组集合为 $M = \{M_1, M_2, \cdots, M_{60}\}$，并由 KXF 公司战略规划委员会的 7 位专家（F_1、F_2、

F_3、F_4、F_5、F_6、F_7）依据 0～5 分的评分标准（0 分：不相容；5 分：完全相容）给出的关键要素选项组中关键要素选项对之间的相容性评价值。为节省篇幅，这里仅以商业模式关键要素选项组集合 M_1，M_9，M_{26}，M_{48} 为例给出部分结果，即 $M_1 = \{O_1^{I}, O_1^{II}, O_1^{III}, O_1^{IV}\}$，$M_9 = \{O_2^{I}, O_3^{II}, O_2^{III}, O_1^{IV}\}$，$M_{26} = \{O_1^{I}, O_3^{II}, O_1^{III}, O_5^{IV}\}$，$M_{48} = \{O_2^{I}, O_2^{II}, O_1^{III}, O_5^{IV}\}$。

这里，将 KXF 公司战略规划委员会的 7 位专家针对 M_1 给出的相容性评价转化为相容性评价矩阵为

$$F_1 = \begin{bmatrix} - & 4 & 4 & 3 \\ - & - & 5 & 4 \\ - & - & - & 2 \\ - & - & - & - \end{bmatrix}, \quad F_2 = \begin{bmatrix} - & 2 & 4 & 2 \\ - & - & 1 & 3 \\ - & - & - & 4 \\ - & - & - & - \end{bmatrix}, \quad F_3 = \begin{bmatrix} - & 3 & 2 & 1 \\ - & - & 3 & 4 \\ - & - & - & 2 \\ - & - & - & - \end{bmatrix},$$

$$F_4 = \begin{bmatrix} - & 4 & 4 & 3 \\ - & - & 2 & 5 \\ - & - & - & 1 \\ - & - & - & - \end{bmatrix}, \quad F_5 = \begin{bmatrix} - & 5 & 4 & 1 \\ - & - & 5 & 2 \\ - & - & - & 2 \\ - & - & - & - \end{bmatrix}, \quad F_6 = \begin{bmatrix} - & 4 & 3 & 2 \\ - & - & 5 & 2 \\ - & - & - & 1 \\ - & - & - & - \end{bmatrix},$$

$$F_7 = \begin{bmatrix} - & 2 & 4 & 3 \\ - & - & 2 & 3 \\ - & - & - & 2 \\ - & - & - & - \end{bmatrix}$$

将 7 位专家针对 M_9 给出的相容性评价转化为相容性评价矩阵为

$$F_1 = \begin{bmatrix} - & 5 & 4 & 4 \\ - & - & 5 & 4 \\ - & - & - & 3 \\ - & - & - & - \end{bmatrix}, \quad F_2 = \begin{bmatrix} - & 4 & 4 & 5 \\ - & - & 4 & 4 \\ - & - & - & 3 \\ - & - & - & - \end{bmatrix}, \quad F_3 = \begin{bmatrix} - & 4 & 4 & 5 \\ - & - & 5 & 4 \\ - & - & - & 4 \\ - & - & - & - \end{bmatrix},$$

$$F_4 = \begin{bmatrix} - & 5 & 4 & 5 \\ - & - & 5 & 4 \\ - & - & - & 4 \\ - & - & - & - \end{bmatrix}, \quad F_5 = \begin{bmatrix} - & 4 & 5 & 4 \\ - & - & 5 & 4 \\ - & - & - & 4 \\ - & - & - & - \end{bmatrix}, \quad F_6 = \begin{bmatrix} - & 5 & 5 & 4 \\ - & - & 4 & 4 \\ - & - & - & 4 \\ - & - & - & - \end{bmatrix},$$

$$F_7 = \begin{bmatrix} - & 4 & 4 & 5 \\ - & - & 5 & 4 \\ - & - & - & 4 \\ - & - & - & - \end{bmatrix}$$

将 7 位专家针对 M_{26} 给出的相容性评价转化为相容性评价矩阵为

$$F_1 = \begin{bmatrix} - & 1 & 2 & 3 \\ - & - & 2 & 3 \\ - & - & - & 4 \\ - & - & - & - \end{bmatrix}, \quad F_2 = \begin{bmatrix} - & 1 & 3 & 2 \\ - & - & 2 & 3 \\ - & - & - & 2 \\ - & - & - & - \end{bmatrix}, \quad F_3 = \begin{bmatrix} - & 1 & 3 & 2 \\ - & - & 3 & 3 \\ - & - & - & 2 \\ - & - & - & - \end{bmatrix},$$

$$F_4 = \begin{bmatrix} - & 1 & 3 & 3 \\ - & - & 2 & 2 \\ - & - & - & 1 \\ - & - & - & - \end{bmatrix}, \quad F_5 = \begin{bmatrix} - & 1 & 2 & 3 \\ - & - & 3 & 2 \\ - & - & - & 3 \\ - & - & - & - \end{bmatrix}, \quad F_6 = \begin{bmatrix} - & 1 & 3 & 2 \\ - & - & 3 & 2 \\ - & - & - & 3 \\ - & - & - & - \end{bmatrix},$$

$$F_7 = \begin{bmatrix} - & 2 & 3 & 1 \\ - & - & 1 & 2 \\ - & - & - & 3 \\ - & - & - & - \end{bmatrix}$$

将 7 位专家针对 M_{48} 给出的相容性评价转化为相容性评价矩阵为

$$F_1 = \begin{bmatrix} - & 3 & 2 & 4 \\ - & - & 2 & 3 \\ - & - & - & 4 \\ - & - & - & - \end{bmatrix}, \quad F_2 = \begin{bmatrix} - & 3 & 4 & 2 \\ - & - & 3 & 4 \\ - & - & - & 3 \\ - & - & - & - \end{bmatrix}, \quad F_3 = \begin{bmatrix} - & 4 & 3 & 3 \\ - & - & 3 & 4 \\ - & - & - & 3 \\ - & - & - & - \end{bmatrix},$$

$$F_4 = \begin{bmatrix} - & 4 & 4 & 3 \\ - & - & 3 & 2 \\ - & - & - & 3 \\ - & - & - & - \end{bmatrix}, \quad F_5 = \begin{bmatrix} - & 4 & 2 & 3 \\ - & - & 3 & 4 \\ - & - & - & 3 \\ - & - & - & - \end{bmatrix}, \quad F_6 = \begin{bmatrix} - & 4 & 3 & 3 \\ - & - & 4 & 3 \\ - & - & - & 3 \\ - & - & - & - \end{bmatrix},$$

$$F_7 = \begin{bmatrix} - & 3 & 3 & 4 \\ - & - & 4 & 2 \\ - & - & - & 3 \\ - & - & - & - \end{bmatrix}$$

依据式 (7.1),计算出关于关键要素选项组 M_1,M_9,M_{26},M_{48} 的相容性群体评价信息如表 8.29 ~ 表 8.32 所示。依据式 (7.2) ~ 式 (7.4),分别计算出针对所有关键要素选项组的相容性平均评价值为 $\overline{\delta}(M) = 63$,及针对所有关键要素选项对的相容性平均评价值为 $\overline{\delta}(O) = 3.8$。

表 8.29　　　　商业模式关键要素选项组 M_1 的相容性群体评价信息

关键要素选项	关键要素选项			
	O_1^{I}	O_1^{II}	O_1^{III}	O_1^{IV}
O_1^{I}	—	3.42	3.57	2.14
O_1^{II}			3.28	3.28
O_1^{III}	—	—	—	2
O_1^{IV}	—	—	—	—

表 8.30 商业模式关键要素选项组 M_9 的相容性群体评价信息

关键要素选项	关键要素选项			
	O_2^{I}	O_3^{II}	O_2^{III}	O_1^{IV}
O_2^{I}	—	4.42	4.42	4.42
O_3^{II}	—	—	4.57	4
O_2^{III}	—	—	—	3.71
O_1^{IV}	—	—	—	—

表 8.31 商业模式关键要素选项组 M_{26} 的相容性群体评价信息

关键要素选项	关键要素选项			
	O_1^{I}	O_3^{II}	O_1^{III}	O_5^{IV}
O_1^{I}	—	1.14	2.71	2.28
O_3^{II}	—	—	2.28	2.42
O_1^{III}	—	—	—	2.57
O_5^{IV}	—	—	—	—

表 8.32 商业模式关键要素选项组 M_{48} 的相容性群体评价信息

关键要素选项	关键要素选项			
	O_2^{I}	O_2^{II}	O_1^{III}	O_5^{IV}
O_2^{I}	—	3.57	3	3.14
O_2^{II}	—	—	3.14	3.14
O_1^{III}	—	—	—	3.14
O_5^{IV}	—	—	—	—

为节省篇幅，这里仅给出针对 M_1，M_9，M_{26}，M_{48} 的相容性总体评价值的

计算结果，即 $\delta(M_1)=65$，$\delta(M_9)=68$，$\delta(M_{26})=32$，$\delta(M_{48})=66$。接着，依据备选商业模式的生成规则来筛选关键要素选项组，为节约篇幅，举例说明为：如由于关键要素选项组的相容性总体评价值为 $\delta(M_{26})=32$，小于 $\bar{\delta}(M)=63$，且 $\delta(O_1^{26}, O_3^{26})=1.14$，小于 $\bar{\delta}(O)=3.8$，故 M_{26} 不可行，而 M_1，M_9，M_{48} 则可行。

依据筛选结果，可构建 KXF 公司备选商业模式集合为 $\bar{M}=\{M_1, M_9, M_{48}\}$，其中 $M_1=\{O_1^{\mathrm{I}}, O_1^{\mathrm{II}}, O_1^{\mathrm{III}}, O_1^{\mathrm{IV}}\}$，$M_9=\{O_2^{\mathrm{I}}, O_3^{\mathrm{II}}, O_2^{\mathrm{III}}, O_1^{\mathrm{IV}}\}$，$M_{48}=\{O_2^{\mathrm{I}}, O_2^{\mathrm{II}}, O_1^{\mathrm{III}}, O_5^{\mathrm{IV}}\}$。

8.5.2 KXF 公司商业模式评价指标的构建

由前文可知，价值主张（H^{I}）、目标客户（H^{II}）、收入模式（H^{III}）、核心能力（H^{IV}）为 KXF 公司商业模式选择的关键要素，KXF 公司战略规划委员会的专家们依据表 8.28 给出的 KXF 公司商业模式关键要素选项，构建该公司的备选商业模式评价指标。如表 8.33 所示。

表 8.33　　　　　　　　　KXF 公司商业模式备选评价指标

关键要素	备选评价指标
价值主张	产品或服务的差异性
	产品或服务的可持续性
	产品或服务品牌的认知度
目标客户	目标市场规模及份额
	客户满意度
	客户保持率

续表

关键要素	备选评价指标
收入模式	利润的可获取性
	模式的创新性
	模式的灵活性
核心能力	能力的独特性
	能力的不可替代性
	能力的可获取性

由 KXF 公司战略规划委员会的专家们依据 KXF 公司的具体情况，针对该公司的备选商业模式评价指标以现场调查的形式进行评价（调查问卷见附录 D），回收调查问卷，对调查问卷展开分析，汇总整体调查结果。

向专家委员会展示问卷调查的统计结果，专家委员会的专家们针对统计结果进行了探讨，现在将得到的专家主要建议汇总如下：

①"能力的不可替代性"的含义中包含了"能力的独特性"和"能力的可获取性"，故予以剔除。

②"模式的灵活性"和"模式的创新性"不能准确描述收入模式的有效性和实用性，故予以剔除。

③"产品或服务的差异性"最能够反映出价值主张的有效性和实用性，故将"产品或服务的可持续性"和"产品或服务品牌的认知度"予以剔除。

④"目标市场规模及份额"在一定程度上体现了目标客户的满意度和保持率，故将"客户满意度"和"客户保持率"予以剔除。

依据专家委员会对备选评价指标进行评价的结果进行筛选与修正，可建立修正后的商业模式评价指标体系，如表 8.34 所示。

表 8.34　　基于问卷调查的 KXF 公司商业模式评价指标体系

维度	构成要素	评价指标
企业内部价值	核心能力	能力的不可替代性（E_1）
	收入模式	利润的可获取性（E_2）
客户价值	价值主张	产品或服务的差异性（E_3）
	目标客户	目标市场规模及份额（E_4）

经分析可知，表 8.34 所示的各评价指标均为定性指标，适合专家给出语言评价信息。此外，各评价指标之间并非完全独立而是存在着关联效应，这里所考虑的评价指标间的关联效应包括三种类型[113]：第一，互补效应，即两个指标呈现相辅相成的状态。例如，渠道管控能力的提高极有可能提高利润的可获取性。第二，冗余效应，即两个指标呈现重复交叠的状态。例如，伙伴贡献度与伙伴间关系及协作程度之间可能存在交叠。第三，零效应，即两个指标呈现独立状态。例如，伙伴间协作程度与目标市场规模之间可能呈现出相互独立的状态。

基于上述分析，由 KXF 公司战略规划委员会的 7 位专家（F_1、F_2、F_3、F_4、F_5、F_6、F_7）依据语言评价短语集合 $Z = \{Z_0 = \mathrm{NO}（无关联），Z_1 = \mathrm{VL}$（非常低），$Z_2 = \mathrm{L}（低），Z_3 = \mathrm{H}（高），Z_4 = \mathrm{VH}（非常高）\}$ 对评价指标 E_1，E_2，E_3，E_4 间的直接关联关系进行评价，这里将 KXF 公司战略规划委员会的 7 位专家给出的评价信息转化为评价矩阵为

$$
F_1 = \begin{bmatrix} - & \mathrm{VH} & \mathrm{VH} & \mathrm{H} \\ \mathrm{H} & - & \mathrm{H} & \mathrm{NO} \\ \mathrm{H} & \mathrm{H} & - & \mathrm{VH} \\ \mathrm{VH} & \mathrm{L} & \mathrm{H} & - \end{bmatrix}, \quad F_2 = \begin{bmatrix} - & \mathrm{VH} & \mathrm{VH} & \mathrm{VH} \\ \mathrm{VH} & - & \mathrm{H} & \mathrm{VL} \\ \mathrm{VH} & \mathrm{H} & - & \mathrm{VH} \\ \mathrm{VH} & \mathrm{L} & \mathrm{H} & - \end{bmatrix},
$$

$$F_3 = \begin{bmatrix} - & H & H & H \\ H & - & H & NO \\ VH & H & - & VH \\ VH & L & H & - \end{bmatrix}, \quad F_4 = \begin{bmatrix} - & H & H & H \\ H & - & H & NO \\ VH & H & - & VH \\ VH & L & H & - \end{bmatrix},$$

$$F_5 = \begin{bmatrix} - & VH & H & H \\ H & - & H & NO \\ H & H & - & VH \\ VH & VL & H & - \end{bmatrix}, \quad F_6 = \begin{bmatrix} - & VH & H & H \\ VH & - & H & NO \\ VH & H & - & VH \\ VH & L & H & - \end{bmatrix},$$

$$F_7 = \begin{bmatrix} - & VH & H & H \\ VH & - & H & VL \\ H & H & - & VH \\ VH & H & H & - \end{bmatrix}$$

8.5.3 KXF 公司商业模式的优选

依据式（5.1），将上述评价指标直接关联评价矩阵转换为二元语义形式，并依据式（5.4）集结为评价指标直接关联群体评价信息，如表 8.35 所示。

表 8.35　　　　　　　集结后的评价指标直接关联评价信息

评价指标	评价指标			
	E_1	E_2	E_3	E_4
E_1	0.00	5.75	5.00	4.75
E_2	5.25	0.00	4.50	0.50
E_3	5.25	4.50	0.00	6.00
E_4	6.00	3.00	4.50	0.00

依据式（7.5），可计算出评价指标 E_1，E_2，E_3，E_4 的权重向量为 $w =$ (0.28，0.22，0.27，0.23)。然后，由 7 位专家依据语言评价短语集合 $\lambda = \{\lambda_0 = VB(较差)，\lambda_1 = B(差)，\lambda_2 = M(一般)，\lambda_3 = G(好)，\lambda_4 = VG(较好)\}$ 给出关于备选商业模式 M_1，M_9，M_{48} 的评价信息分别如表 8.36、表 8.37 和表 8.38 所示。

表 8.36　　　　　　专家关于备选商业模式 M_1 的评价信息

评价指标	专家						
	F_1	F_2	F_3	F_4	F_5	F_6	F_7
E_1	M	M	G	G	VG	G	M
E_2	G	G	G	VG	G	G	G
E_3	M	VG	G	G	G	VG	G
E_4	G	M	G	G	G	G	VG

表 8.37　　　　　各位专家关于备选商业模式 M_9 的评价信息

评价指标	专家						
	F_1	F_2	F_3	F_4	F_5	F_6	F_7
E_1	VG	M	G	M	VG	VG	G
E_2	G	G	VG	VG	G	G	VG
E_3	G	VG	G	G	M	G	G
E_4	G	G	M	G	VG	M	VG

表 8.38　　　　　各位专家关于备选商业模式 M_{48} 的评价信息

评价指标	专家						
	F_1	F_2	F_3	F_4	F_5	F_6	F_7
E_1	M	M	G	M	G	M	G
E_2	B	G	VG	VG	G	G	M

续表

评价指标	专家						
	F_1	F_2	F_3	F_4	F_5	F_6	F_7
E_3	G	VG	M	G	M	G	G
E_4	M	M	M	G	B	M	VB

依据式（7.16）和式（7.17），确定出针对备选商业模式 M_1，M_9，M_{48}的正理想矩阵和负理想矩阵的评价信息分别如表 8.39 和表 8.40 所示。进一步地，将针对备选商业模式的评价信息、正理想矩阵和负理想矩阵转化为二元语义形式，并依据式（7.18）~式（7.20），计算出关于各备选商业模式的相对接近度为：$CD_1=0.63$，$CD_9=0.75$，$CD_{48}=0.20$。由于 $CD_9>CD_1>CD_{48}$，可知 M_9 为最佳的商业模式。

表 8.39 关于备选商业模式的正理想矩阵评价信息

评价指标	专家						
	F_1	F_2	F_3	F_4	F_5	F_6	F_7
E_1	VG	M	G	G	VG	VG	G
E_2	G	G	VG	VG	G	G	VG
E_3	G	VG	G	G	G	VG	G
E_4	G	G	G	G	VG	G	VG

表 8.40 关于备选商业模式的负理想矩阵评价信息

评价指标	专家						
	F_1	F_2	F_3	F_4	F_5	F_6	F_7
E_1	M	M	G	M	G	M	M
E_2	B	G	G	VG	G	G	M
E_3	M	VG	M	G	M	G	G
E_4	M	M	M	G	B	M	VB

8.6 有关计算结果的相关分析

本节针对 KXF 公司商业模式选择问题中的最终计算结果进行相关分析。具体地，依据前文得出的计算结果，将 KXF 公司未来的商业模式总结如下：

（1）价值主张。KXF 公司应继续发挥其在人工智能语音领域具有的核心技术优势，进一步发展人工智能技术，以个性化的产品和服务为主，为政府及事业单位提供个性化、定制化的语音技术和语音应用开发工具。具体如下：向政府及事业单位提供智能语音技术和服务。例如，以教育领域的政府主管部门和事业单位为例，以国家语委和教育部考试中心的国家级重要考试为依托，向全国各区域的教师培训、学生学习与测试等方面拓展业务；面向全国的大、中、小学校、教师、学生和家长提供涵盖"教""考""评""学""管"的全方位的教学产品和服务。

（2）目标客户。KXF 公司应重点关注以政府及事业单位为主的 B2B 业务，个人业务为辅，在获得丰富语音数据的同时，进一步提升技术优势。这里，KXF 公司应尤其关注教育领域的相关机构，采用"考试落地—学校推广—获取学生用户"的三步走战略，为进一步拓宽市场建立基础。

（3）核心能力。KXF 公司目前是中国最大的智能语音技术提供商，在智能语音技术领域有着长期的研究积累，在语音合成、语音识别等多项技术上拥有国际领先的成果。KXF 公司应继续保持其在中文语音、语言核心技术上的突出优势，进一步加大研发力度。具体地，进一步加大中文语音技术中算法和模型的训练，进一步提升对语音和语言数据的处理能力。

（4）收入模式。KXF 公司在激烈的市场竞争中，依旧在不断探索新的盈利方式。公司在未来进一步明确目标客户、核心能力以及价值主张的基础上，应将 B2B 业务作为主营业务，建立清晰、明确的多样化的收入模式，为公司带来更多的利润和发展空间。

8.7　本 章 小 结

本章进行了价值链视角下基于关键要素的商业模式选择的应用研究，具体地，为了说明和验证本书提出方法的实用性、有效性和可行性，以 KXF 公司为例，给出了该公司商业模式选择的实际背景和现存问题分析，明晰了该公司进行商业模式选择的现实意义，并依据本书前面章节提出的价值链视角基于关键要素的商业模式选择方法给出了 KXF 公司的商业模式选择方法及计算过程描述。由此可见，本章的工作为进行现实中企业商业模式选择提供了示范性作用。

第 9 章

结论与展望

商业模式选择方法是一个非常值得关注的重要研究课题。围绕价值链视角下基于关键要素的商业模式选择方法研究，本章将分别阐述主要研究成果及结论、主要贡献和研究局限，并给出今后研究工作展望。

9.1 主要研究成果及结论

9.1.1 成果

本书的研究成果主要包括以下六个方面：

（1）价值链视角下基于关键要素的商业模式选择的研究框架。针对现实中大量存在的商业模式选择问题，并考虑到已有相关研究成果的不足之处或局限性，给出了价值链视角下基于关键要素的商业模式选择的相关概念界定和理论方法支撑，进而给出了研究框架，主要包括：价值链视角下商业模式构成要素的筛选、价值链视角下商业模式选择关键要素的识别、价值链视角下商业模式关键要素选项的确定、商业模式关键要素选项的修正与补充、价值链视角下商业模式备选方案的生成、价值链视角下商业模式评价指标的确定，以及价值链视角下商业模式的优选。

（2）价值链视角下商业模式选择的关键要素识别方法。本书第 4 章围绕价值链视角下商业模式选择的关键要素识别问题进行了研究，分别提出了一种基于文献计量分析的商业模式构成要素的筛选方法、基于德尔菲法的商业模式构成要素的修正方法和基于 DEMATEL 方法的关键要素识别方法。提出的方法对现实中企业商业模式选择的关键要素识别问题的解决具有借鉴和参考价值。

（3）基于相似案例分析的商业模式关键要素选项确定方法。本书第 5 章围绕商业模式关键要素选项确定问题中所涉及的若干关键问题进行了研究，分别提出了商业模式案例的属性权重的确定方法、商业模式相似历史案例提取方法和备选商业模式关键要素选项的确定方法。提出的商业模式关键要素选项确定方法对现实中企业商业模式关键要素选项的确定问题的解决具有借鉴和参考价值。

（4）商业模式关键要素选项的修正与补充方法。本书第 6 章围绕商业模式关键要素选项的修正与补充问题进行了研究，提出的商业模式关键要素的修正与补充方法对现实中企业商业模式关键要素选项修正与补充问题的解决具有借鉴和参考价值。

（5）基于关键要素选项组合的商业模式备选方案的生成与优选方法。本书第 7 章围绕商业模式备选方案的生成与优选问题进行了研究，提出的商业模式备选方案的生成与优选方法对现实中企业商业模式备选方案的生成与优选问题的解决具有借鉴和参考价值。

（6）价值链视角下基于关键要素的 KXF 公司商业模式选择的应用研究。本书第 8 章围绕 KXF 公司的商业模式选择问题，介绍该公司的基本概况、其现有商业模式现存在的问题分析和商业模式选择的必要性，在阐明了 KXF 公司商业模式选择的实际背景后，给出了价值链视角下 KXF 公司商业模式选择问题的描述。在此基础上，依据本书给出的方法确定了价值链视角下 KXF 公司商业模式关键要素选项，在对关键要素选项进行修正和补充后，进而给出了基于关键要素选项组合的 KXF 公司商业模式备选方案的生成与优选，最后给出了计算结果的相关分析。

9.1.2　结论

主要结论如下：

（1）企业商业模式选择过程必须要依据坚实的理论基础。本书认为，企业商业模式选择过程应该依据价值链理论和战略管理理论，尤其是应该基于价值链理论进行商业模式的选择。通过价值链分析，企业可以对其各业务领域涉及的关键活动进行系统分析，从而抓住这些业务领域运行的本质并发掘其价值增值点，并据此进行企业商业模式的优选。

（2）在企业商业模式选择过程中，应该着重关注商业模式的关键要素。一些研究表明，商业模式的构成要素在企业价值增值过程中所发挥的作用不尽相同，由于企业所在的行业背景不同，并且企业自身实际情况与其他企业相比也有差异，同时考虑到企业管理者以及决策分析者对事物认知能力以及对信息处理能力的有限性，所以在商业模式选择过程中，对商业模式构成要素进行全面、完整的分析和考量是难以实现的。这就需要企业管理者以及决策分析者在商业模式构成要素筛选和分析的基础上，聘请多个专家针对现有商业模式构成要素的重要性进行评价与分析，从而识别出那些在企业的价值创造活动中贡献最大的构成要素，将其视为商业模式选择的关键要素，并且有必要基于关键要素进行分析选择适合企业自身发展的商业模式。

（3）在企业商业模式选择过程中，有必要深入研究商业模式选择过程中需要解决的一些具体问题，进而形成科学的研究问题体系。针对商业模式选择问题中可能遇到的各类问题，需要进行细致的归纳和提炼。本书将价值链视角下基于关键要素的商业模式选择问题归纳为商业模式构成要素的筛选、商业模式关键要素的识别、商业模式关键要素选项的提取、关键要素选项的修正与补充、商业模式备选方案的生成、商业模式评价指标的构建、商业模式的优选等一系列问题，并以问题为导向，进一步开展相应的、有针对性的方法研究，这是有效解决具有复杂性的企业商业模式选择问题的有效途径。

（4）在现实的企业商业模式选择过程中，仅仅依据坚实的理论基础是不够的，还需要一些科学的方法做支撑。本书依据相关理论，分别提出的价值链视角下商业模式选择的关键要素识别方法、基于相似案例分析的商业模式关键要素选项的确定方法、商业模式关键要素选项的修正与补充方法和基于关键要素选项组合的商业模式备选方案的生成与优选方法等，是从系统的角度为解决商业模式选择问题提供了有力的支撑。因此，进一步深入研究科学的、有效的和可行的商业模式选择理论与方法是必要的。

9.2　主要贡献

针对价值链视角下基于关键要素的商业模式选择方法的研究，主要贡献体现在以下几个方面：

1. 提出了价值链视角下基于关键要素的商业模式选择问题的研究框架。

在相关研究文献综述的基础上，对现实中大量存在的、具有广泛应用背景的商业模式选择问题进行了分析和总结。针对商业模式选择中所涉及的若干决策分析问题，借鉴已有的决策分析方法的相关研究成果，提出了一种价值链视角下基于关键要素的商业模式选择方法的研究框架，在该框架中，包括价值链视角下商业模式构成要素的筛选、价值链视角下商业模式选择关键要素的识别、价值链视角下商业模式关键要素选项的确定、商业模式关键要素选项的修正与补充、价值链视角下商业模式备选方案的生成、价值链视角下商业模式评价指标的确定以及价值链视角下商业模式的优选等具体研究内容。上述内容形成了具有科学价值的且较为系统的研究问题体系和理论体系，为现实中的商业模式选择的研究提供了一般性的理论基础和分析框架，同时，也为其他学者的研究提供一个科学探讨方向。

2. 提出了价值链视角下基于关键要素的商业模式选择方法。

针对价值链视角下基于关键要素的商业模式选择中可能遇到的若干决策分析问题进行了提炼与描述，并提出了价值链视角下基于关键要素的商业模式选择方法。具体地，涉及价值链视角下商业模式选择的关键要素识别方法、基于相似案例分析的商业模式关键要素选项确定、基于群体专家评价的商业模式关键要素选项的修正与补充方法以及基于关键要素选项组合的商业模式备选方案的生成与优选方法等。本书提出的方法为解决现实中企业的商业模式选择问题提供了方法与技术层面的借鉴和指导。

3. 运用本书提出的方法给出具有示范性的应用研究。

以 KXF 公司商业模式选择为实际背景，阐述了该公司的基本概况、现有商业模式现存问题分析和商业模式选择的必要性，并给出了 KXF 公司商业模

式选择问题的描述，在此基础上，依据本书给出的方法确定了 KXF 公司商业
模式关键要素及其选项，在对关键要素选项进行修正和补充后，进而给出基
于关键要素选项组合的 KXF 公司商业模式备选方案的生成与优选，最后给出
计算结果的相关分析。本书开展的应用研究，为采用本书提出的价值链视角
下基于关键要素的商业模式选择方法来解决现实中的企业商业模式选择问题，
提供一种新的途径，具有一定的示范性。

9.3　研究的局限

本书的研究工作尚存在一些局限性，具体表现在以下方面。

（1）在理论层面，由于价值链视角下商业模式选择的相关理论基础还不
够成熟，例如，有关商业模式的构成要素组成尚未形成统一的观点，所以，
关于研究问题的提炼，本书主要研究了价值链视角下基于关键要素的商业模
式选择问题研究框架，以及侧重考虑了基于该框架下的价值链视角下商业模
式选择的关键要素识别方法、基于相似案例分析的商业模式关键要素选项确
定、基于群体专家评价的商业模式关键要素选项的修正与补充以及基于关键
要素选项组合的商业模式备选方案的生成与优选等关键问题，而未对该框架
下可能涉及的其他问题进行详细研究，例如，商业模式构成要素之间的相互
关联、相互影响的机制、商业模式构成要素的创新路径，等等。

（2）在方法层面，本书较为系统性地提出了价值链视角下基于关键要素
的商业模式选择方法，具体地，包括价值链视角下商业模式选择的关键要素
识别方法、基于相似案例分析的商业模式关键要素选项确定、基于群体专家
评价的商业模式关键要素选项的修正与补充以及基于关键要素选项组合的商

业模式备选方案的生成与优选。本书提出的方法需要大量专家评价信息的采集，由于研究条件和研究手段的限制，通过现场的问卷调查获取的数据可能会存在一定的局限性。另外，由于现有的关于价值链视角下基于关键要素的商业模式选择问题的研究尚不多见，加之本书作者的研究能力有限以及研究条件和实际环境的限制，仅仅做出了探索性的工作，尚不能从实践层面给出更加全面的分析。

（3）在应用层面，由于本书主要针对 KXF 公司的商业模式选择问题，依据本书提出的价值链视角下基于关键要素的商业模式选择方法进行了潜在的应用研究，而现实中存在的商业模式选择问题还有很多，不同实际背景下的商业模式选择问题会有其自身的特点，因此还需要进行深入的研究。

9.4　今后研究工作展望

本书展示了关于价值链视角下基于关键要素的商业模式选择方法的研究成果，但仍有许多方面还需要进一步深入、细致地研究，例如在方法与应用层面还需要进行一些深入的扩展研究。

（1）针对价值链视角下基于关键要素的商业模式选择问题，本书仅对价值链视角下基于关键要素的商业模式选择方法的研究框架中所涉及的决策分析问题进行了归纳与提炼，例如，价值链视角下商业模式选择的关键要素识别方法、基于相似案例分析的商业模式关键要素选项确定、基于群体专家评价的商业模式关键要素选项的修正与补充以及基于关键要素选项组合的商业模式备选方案的生成与优选。然而，在现实中，价值链视角下基于关键要素的商业模式选择中还可能涉及其他方面的决策分析问题，例如，价值链视角下商业模式选择的路径研究等，仍有待于进一步的深入研究。

（2）针对现实中存在的许多具有代表性的实际企业的典型案例，还应该进一步深入挖掘、提炼，例如，资源型企业的商业模式选择问题、金融、房地产行业的商业模式选择问题等。更加全面地分析和研究其他典型的、具有代表性的案例能够提高应用本书提出方法解决现实中商业模式选择问题的有效性和可行性。

（3）针对解决价值链视角下基于关键要素的商业模式选择问题的 Web 决策支持系统，仍需要进一步研究和开发，在系统中嵌入本书给出的相应的决策分析模型与方法，并且采用友好的用户界面，以方便用户访问和使用，从而进一步增强本书提出的价值链视角下基于关键要素的商业模式选择方法的实用性和可操作性。

附录 A

关于价值链视角下商业模式构成
要素的调查问卷

附录 A−1　关于商业模式构成要素的第一轮调查问卷

尊敬的专家：

您好！

此问卷目的在探讨"价值链视角下商业模式构成要素"的议题。本研究的结果将有助于学术发展及实务上的应用，若没有您的协助，此研究将无法顺利完成，因此，请您持一种支持国内学术研究，并为社会培养研究人才的心情，打扰您约 15 分钟的时间，仔细地填答这份问卷。

由于数据的完整性与正确性对研究结果的成败有很大的影响，请您务必仔细阅读每一项问题，答案没有"对"与"错"之分，只要依照您个人的看法与感觉来回答即可，也请您不要遗漏任何一题，您所付出的精神与时间，对学术研究将是莫大的贡献。

您所填答的资料，纯粹仅供学术研究之用，绝不会对外公开，敬请您安心填答，恳切地期盼您的热心协助！谨致上最诚挚的谢意！

敬祝

事业顺利、健康愉快！

> **问卷说明：**
>
> 请您判断以下问卷中的各条目是否适合被用来作为价值链视角下商业模式的构成要素，并选择"非常不重要、不重要、一般、重要、非常重要"中的一个语言评价作为对该条目重要性的评价。

为了筛选价值链视角下商业模式的构成要素，您认为下面表中构成要素的重要程度可用哪个语言评价短语来衡量？请您在相关栏目打"√"。

构成要素	非常不重要	不重要	一般	重要	非常重要
价值主张					
运营模式					
营销模式					
财务模式					
资源系统					
价值端口					
价值界面					
目标客户					
产品和服务					
业务流程					
内部流程					
业务系统					
生产模式					
资源模式					
盈利模式					
现金流结构					
成本结构					
关键流程					
资源					

续表

构成要素	非常不重要	不重要	一般	重要	非常重要
核心资源能力					
顾客界面					
战略资源					
顾客细分					
伙伴关系					
收入模式					
合作伙伴					
成本管理					
关键业务					
价值簇					
营销渠道					
关键伙伴					
价值传递					
供应链					
伙伴价值					
分销渠道					
接触渠道					
价值配置					
顾客契约					
内部运作					
流程活动					
资本运作模式					
核心能力					
外部定位					
竞争战略					
价值链结构					
业务范围					

附录 A - 2 关于商业模式构成要素的第二轮调查问卷

尊敬的专家：

您好！

此问卷目的在探讨"价值链视角下商业模式构成要素"的议题。本次调查基于第一轮调查问卷的统计结果，旨在对筛选出的 18 个价值链视角下商业模式构成要素进行进一步修正。本研究的结果将有助于学术发展及实务上的应用，若没有您的协助，此研究将无法顺利完成，因此，请您持一种支持国内学术研究，并为社会培养研究人才的心情，打扰您约 15 分钟的时间，仔细地填答这份问卷。

由于数据的完整性与正确性对研究结果的成败有很大的影响，请您务必仔细阅读每一项问题，答案没有"对"与"错"之分，只要依照您个人的看法与感觉来回答即可，也请您不要遗漏任何一题，您所付出的精神与时间，对学术研究将是莫大的贡献。

您所填答的资料，纯粹仅供学术研究之用，绝不会对外公开，敬请您安心填答，恳切地期盼您的热心协助！谨致上最诚挚的谢意！

敬祝

事业顺利、健康愉快！

问卷说明：

请您判断以下问卷中的各条目是否适合被用来作为价值链视角下商业模式的构成要素，并选择"非常不重要、不重要、一般、重要、非常重要"中的一个语言评价作为对该条目重要性的评价。

为了筛选价值链视角下商业模式的构成要素，您认为下面表中构成要素

的重要程度可用哪个语言评价短语来衡量？请您在相关栏目打"√"。

构成要素	非常不重要	不重要	一般	重要	非常重要
价值主张					
运营模式					
目标客户					
关键流程					
营销渠道					
关键业务					
顾客细分					
分销渠道					
收入模式					
财务模式					
成本结构					
资源模式					
成本管理					
核心能力					
关键伙伴					
生产模式					
价值链结构					
现金流结构					

附录 A-3 关于商业模式构成要素的第三轮调查问卷

尊敬的专家：

您好！

此问卷目的在探讨"价值链视角下商业模式构成要素"的议题。本次调查基于第二轮调查问卷的统计结果，旨在对筛选出的 12 个价值链视角下商业模式构成要素进行进一步修正。本研究的结果将有助于学术发展及实务上的应用，若没有您的协助，此研究将无法顺利完成，因此，请您持一种支持国内学术研究，并为社会培养研究人才的心情，打扰您约 15 分钟的时间，仔细地填答这份问卷。

由于数据的完整性与正确性对研究结果的成败有很大的影响，请您务必仔细阅读每一项问题，答案没有"对"与"错"之分，只要依照您个人的看法与感觉来回答即可，也请您不要遗漏任何一题，您所付出的精神与时间，对学术研究将是莫大的贡献。

您所填答的资料，纯粹仅供学术研究之用，绝不会对外公开，敬请您安心填答，恳切地期盼您的热心协助！谨致上最诚挚的谢意！

敬祝

事业顺利、健康愉快！

> 问卷说明：
>
> 请您判断以下问卷中的各条目是否适合被用来作为价值链视角下商业模式的构成要素，并选择"非常不重要、不重要、一般、重要、非常重要"中的一个语言评价作为对该条目重要性的评价。

为了筛选价值链视角下商业模式的构成要素，您认为下面表中构成要素的重要程度可用哪个语言评价短语来衡量？请您在相关栏目打"√"。

构成要素	非常不重要	不重要	一般	重要	非常重要
价值主张					
成本管理					

续表

构成要素	非常不重要	不重要	一般	重要	非常重要
目标客户					
成本结构					
分销渠道					
收入模式					
核心能力					
价值链结构					
关键伙伴					
关键业务					
顾客细分					
资源模式					

KXF 公司商业模式选择的关键
要素识别的调查问卷

尊敬的专家:

　　您好!

　　此问卷目的在探讨"KXF 公司商业模式选择的关键要素识别"的议题。本研究的结果将有助于学术发展及实务上的应用,若没有您的协助,此研究将无法顺利完成,因此,请您持一种支持国内学术研究,并为社会培养研究人才的心情,打扰您约 15 分钟的时间,仔细地填答这份问卷。

　　由于数据的完整性与正确性对研究结果的成败有很大的影响,请您务必仔细阅读每一项问题,答案没有"对"与"错"之分,只要依照您个人的看法与感觉来回答即可,也请您不要遗漏任何一题,您所付出的精神与时间,对学术研究将是莫大的贡献。

　　您所填答的资料,纯粹仅供学术研究之用,绝不会对外公开,敬请您安心填答,恳切地期盼您的热心协助!谨致上最诚挚的谢意!

　　敬祝

事业顺利、健康愉快!

问卷说明：

请您依据 KXF 公司的基本情况，判断以下问卷中的各条目是否适合被用来作为该公司商业模式选择的关键要素，并选择"非常不重要、不重要、一般、重要、非常重要"中的一个语言评价作为对该条目重要程度的评价。

为了识别价值链视角下 KXF 公司商业模式选择的关键要素，您认为下面表中构成要素的重要程度可用哪个语言评价短语来衡量？请您在相关栏目打"√"。

KXF 公司的 商业模式构成要素	非常不重要	不重要	一般	重要	非常重要
价值主张					
目标客户					
成本结构					
收入模式					
关键伙伴					
分销渠道					
核心能力					
价值链结构					
关键业务					

KXF 公司商业模式的关键
要素选项的调查问卷

尊敬的专家：

您好！

此问卷目的在探讨"KXF 公司商业模式的关键要素选项"的议题。本研究的结果将有助于学术发展及实务上的应用，若没有您的协助，此研究将无法顺利完成，因此，请您持一种支持国内学术研究，并为社会培养研究人才的心情，打扰您约 15 分钟的时间，仔细地填答这份问卷。

由于数据的完整性与正确性对研究结果的成败有很大的影响，请您务必仔细阅读每一项问题，答案没有"对"与"错"之分，只要依照您个人的看法与感觉来回答即可，也请您不要遗漏任何一题，您所付出的精神与时间，对学术研究将是莫大的贡献。

您所填答的资料，纯粹仅供学术研究之用，绝不会对外公开，敬请您安心填答，恳切地期盼您的热心协助！谨致上最诚挚的谢意！

敬祝

事业顺利、健康愉快！

问卷说明：

　　请您依据 KXF 公司的实际情况和实际条件，判断以下问卷中的各条目是否适合被用来作为该公司关键要素的属性选项，并选择"非常不重要、不重要、一般、重要、非常重要"中的一个语言评价作为对该条目合理性的评价。

　　为了判断以下关键要素选项是否适合被用来作为该公司关键要素选项，您认为下面表中关键要素选项的重要程度可用哪个语言评价短语来衡量？请您在相关栏目打"√"。

关键要素及选项	非常不重要	不重要	一般	重要	非常重要
价值主张 标准化					
价值主张 个性化					
价值主张 实体					
价值主张 虚拟					
目标客户 个体消费者					
目标客户 生产商					
目标客户 政府及事业单位					
目标客户 中间商					
收入模式 自发性					
收入模式 自觉性					
收入模式 多种					
收入模式 单一					
核心能力 技术优势					
核心能力 成本优势					
核心能力 质量优势					
核心能力 品牌优势					
核心能力 资源优势					

附录 D

KXF 公司商业模式评价指标
调查问卷

尊敬的专家：

您好！

此问卷目的在探讨"KXF 公司商业模式评价指标"的议题。本研究的结果将有助于学术发展及实务上的应用，若没有您的协助，此研究将无法顺利完成，因此，请您持一种支持国内学术研究，并为社会培养研究人才的心情，打扰您约 15 分钟的时间，仔细地填答这份问卷。

由于数据的完整性与正确性对研究结果的成败有很大的影响，请您务必仔细阅读每一项问题，答案没有"对"与"错"之分，只要依照您个人的看法与感觉来回答即可，也请您不要遗漏任何一题，您所付出的精神与时间，对学术研究将是莫大的贡献。

您所填答的资料，纯粹仅供学术研究之用，绝不会对外公开，敬请您安心填答，恳切地期盼您的热心协助！谨致上最诚挚的谢意！

敬祝

事业顺利、健康愉快！

问卷说明：

请您判断以下问卷中的各条目是否适合被用来作为价值链视角下商业模式的评价指标体系中的指标，并选择"非常不合理、不合理、基本合理、合理、非常合理"中的一个语言评价作为对该条目合理性的评价。

为了对 KXF 公司商业模式进行评价，您认为如下面表中评价指标是否合理？请您在相关栏目打"√"。

关键要素	评价指标	非常 不合理	不合理	基本 合理	合理	非常 合理
核心能力	能力的独特性					
	能力的不可替代性					
	能力的可获取性					
收入模式	利润的可获取性					
	模式的灵活性					
	模式的创新性					
价值主张	产品或服务的差异性					
	产品或服务的可持续性					
	产品或服务品牌的认知度					
目标客户	目标市场规模及份额					
	客户满意度					
	客户保持率					

参考文献

[1] Timmers P. Business models for electronic markets [J]. Electronic Markets, 1998, 8 (2): 3 – 8.

[2] Mahadevan B. Business models for internet-based e-commerce: An anatomy [J]. California Management Review, 2000, 42 (4): 55 – 69.

[3] Chesbrough H, Rosenbloom R S. The role of the business model in capturing value from innovation: Evidence from Xerox Corporation's technology spin-off companies [J]. Industrial and Corporate Change, 2002, 11 (3): 529 – 555.

[4] Magretta J. Why business model matter [J]. Harvard Business Review, 2002, 80 (5): 86 – 92.

[5] Osterwalder A, Pigneur Y, Tucci C L. Clarifying business models: Origins, present, and future of the concept [J]. Communications of the Association for Information Systems, 2005, 16 (1): 1 – 2.

[6] Bellman R, Clark C E, Malcolm D G, et al. On the construction of a

multi-stage, multi-person business game [J]. Operations Research, 1957, 5 (4): 469 –503.

[7] Jones G M. Educators, electrons, and business models: A problem in synthesis [J]. Accounting Review, 1960, 42 (4): 619 –626.

[8] 刘卫星, 丁信伟. 基于六维平衡计分卡的商业模式评价体系构建 [J]. 工业技术经济, 2010, 29 (12): 131 –135.

[9] 王逸, 张蓓蓓. 新建资源型企业的商业模式选择与创新 [J]. 企业 科技与发展, 2012 (20): 1 –4.

[10] Jang W S, Lee D E, Choi J. Identifying the strengths, weeknesses, opportunities and threats to TOT and divestiture business models in China's water market [J]. International Journal of Project Management, 2014, 32 (2): 298 – 314.

[11] 江珊. F 酒店商业模式选择与风险问题研究 [D]. 广州: 华南理工 大学, 2012.

[12] 张其翔, 赵欣艳, 吕延杰. 电信企业的商业模式及其评价方法 [J]. 电信科学, 2007, 23 (1): 70 –73.

[13] Zografos K G, Androutsopoulos K N, Sihvola T. A methodological ap- proach for developing and assessing business models for flexible transport systems [J]. Transportation, 2008, 35 (6): 777 –795.

[14] 李红霞. 企业商业模式选择与评价 [D]. 乌鲁木齐: 新疆财经大 学, 2009.

[15] 王雷. 手机游戏商业模式分析及评价模型的研究与设计 [D]. 北 京: 北京工业大学, 2012.

[16] Daas D, Hurkmans T, Overbeek S, et al. Developing a decision sup-

port system for business model design [J]. Electronic Markets, 2013, 23 (3): 251 – 265.

[17] Chang S C, Tsai P H, Chang S C. A hybrid fuzzy model for selecting and evaluating the e-book business model: A case study on Taiwan e-book firms [J]. Applied Soft Computing, 2015, 34: 194 – 204.

[18] 王浩伦, 甘卫华. 一种产品服务系统商业模式择优方法 [J]. 技术经济, 2016, 2 (35): 71 – 79, 108.

[19] Im K, Cho H. A systematic approach for developing a new business model using morphological analysis and integrated fuzzy approach [J]. Expert Systems with Applications, 2013, 40 (11): 4463 – 4477.

[20] Porter, M. E. Competitive Advantage [M]. New York: Free Press, 1985: 230 – 245.

[21] Amit R, Zott C. Value creation in e-business [J]. Strategic Management Journal, 2001, 22 (6 – 7): 493 – 520.

[22] 高金余, 陈翔. 互联网环境下的企业商业模式概念和定位研究 [J]. 管理工程学报, 2008, 22 (2): 152 – 154.

[23] Morris M, Schindehutte M, Allen J. The entrepreneur's business model: toward a unified perspective [J]. Journal of Business Research, 2005, 58 (6): 726 – 735.

[24] 高闯, 关鑫. 企业商业模式创新的实现方式与演进机理——一种基于价值链创新的理论解释 [J]. 中国工业经济, 2006 (11): 83 – 90.

[25] 刘立, 曲晓飞. 基于价值创新的企业商业模式研究 [J]. 技术经济, 2010, 29 (11): 37 – 40.

[26] 张越, 赵树宽. 基于要素视角的商业模式创新机理及路径 [J]. 财

贸经济, 2014 (6): 90 – 99.

[27] 徐迪, 李煊. 商务模式创新复杂性研究的计算实验方法 [J]. 管理科学学报, 2010, 13 (11): 12 – 19.

[28] 王晓明, 谭杨, 李仕明, 沈焱. 基于"要素—结构—功能"的企业商业模式研究 [J]. 管理学报, 2010, 7 (7): 976 – 981.

[29] 李红, 吕本富, 申爱华. SNS 网站竞争生存及商业模式创新的关键要素实证研究 [J]. 管理评论, 2012, 24 (8): 79 – 87.

[30] 刘林艳, 宋华. 服务化商业模式创新架构与要素研究——以利丰为例 [J]. 管理案例研究与评论, 2014, 7 (1): 22 – 33.

[31] 郭蕊, 吴贵生. 突破性商业模式创新要素研究 [J]. 技术经济, 2015, 34 (7): 24 – 32, 115.

[32] Teece D J. Business models, business strategy and innovation [J]. Long Range Planning, 2010, 43 (2): 172 – 194.

[33] 侯赟慧, 杨琛珠. 网络平台商务生态系统商业模式选择策略研究 [J]. 软科学, 2015, 11 (29): 30 – 34.

[34] 刘向东. 移动零售下的全渠道商业模式选择 [J]. 北京工商大学学报 (社会科学版), 2014, 29 (3): 13 – 17.

[35] Gilboa I, Schmeidler D. A theory of case-based decisions [M]. Cambridge: Cambridge University Press, 2001.

[36] Gilboa I, Schmeidler D. Case-based decision theory [J]. The Quarterly Journal of Economics, 1995, 110 (3): 605 – 639.

[37] Gilboa I, Schmeidler D. Act similarity in case-based decision theory [J]. Economic Theory, 1997, 9 (1): 47 – 61.

[38] 李永海. 价值链视角下企业商业模式创新的案例决策分析方法

[J]. 科技进步与对策, 2016, 33 (20): 83 - 90.

[39] Stewart D W, Zhao Q. Internet marketing, business models, and public policy [J]. Journal of Public Policy & Marketing, 2000, 19 (2): 287 - 296.

[40] Rappa M. Managing the digital enterprise-business models on the Web [EB/OL]. http: //digitalenter prise. org/models/models. html, 2000.

[41] Mahadevan B. Business models for Internet based e-commerce: An anatomy [J]. California Management Review, 2000, 42 (4): 55 - 69.

[42] 王晓辉. 关于商业模式基本概念的辨析 [J]. 中国管理信息化, 2006, 9 (11): 26 - 27.

[43] Dubosson - Torbay M, Osterwalder A, Pigneur Y. E-business model design, classification, and measurements [J]. Thunderbird International Business Review, 2002, 44 (1): 5 - 23.

[44] Doz Y L, Kosonen M. Embedding strategic agility: A leadership agenda for accelerating business model renewal [J]. Long Range Planning, 2010, 43 (2): 370 - 382.

[45] Markides C C. A dynamic view of strategy [J]. Sloan Management Review, 1999, 40 (3): 55 - 63.

[46] Donath R, Kalakota R, Cerf B S, et al. Taming e-business models [J]. ISBM Business Marketing Web Consortium, 1999, 3 (1): 1 - 24.

[47] Linder J C, Cantrell S. Five business-model myths that hold companies back [J]. Strategy & Leadership, 2001, 29 (6): 13 - 18.

[48] Lee J K, Lee J H, Sohn S Y. Designing a business model for the content service of portable multimedia players [J]. Expert Systems with Applications, 2009, 36 (3): 6735 - 6739.

［49］ Qin Q, Liang F, Li L, et al. Selection of energy performance contracting business models: A behavioral decision-making approach ［J］. Renewable and Sustainable Energy Reviews, 2017, 72: 422 – 433.

［50］ Afuah A, Tucci C L. Internet business models and strategies ［M］. New York: McGraw – Hill, 2001.

［51］ Huizingh E K R E. Towards successful e-business strategies: A hierarchy of three management models ［J］. Journal of Marketing Management, 2002, 18 (7 – 8): 721 – 747.

［52］ 李林, 肖瑶. 商业模式的本质及创新驱动因素分析——一个文献综述 ［J］. 经济研究, 2014 (12): 30 – 32.

［53］ Mintzberg H. The rise and fall of strategic planning ［M］. Prentice Hall, 1994.

［54］ 罗珉, 曾涛, 周思伟. 企业商业模式创新: 基于租金理论的解释 ［J］. 中国工业经济, 2005 (7): 73 – 81.

［55］ Petrovic O, Kittl C, Teksten R D. Developing business model for e-business ［C］. Proceedings of International Conference on Electronic Commerce, 2001.

［56］ Rappa M A. The utility business model and the future of computing services ［J］. IBM Systems Journal, 2004, 43 (1): 32 – 42.

［57］ 翁君奕. 介观商务模式: 管理领域的 "纳米" 研究 ［J］. 中国经济问题, 2004 (1): 34 – 40.

［58］ Shafer S M, Smith H J, Linder J C. The power of business models ［J］. Business Horizons, 2005, 48 (3): 199 – 207.

［59］ 原磊. 商业模式体系重构 ［J］. 中国工业经济, 2007 (6): 70 – 79.

［60］ 龚丽敏，江诗松，魏江. 试论商业模式构念的本质、研究方法及未来研究方向 ［J］. 外国经济与管理，2011，33（3）：1 – 8.

［61］ 张敬伟，王迎军. 基于价值三角形逻辑的商业模式概念模型研究 ［J］. 外国经济与管理，2010（6）：1 – 8.

［62］ Zott C，Amit R，Massa L. The business model：Recent developments and future research ［J］. Journal of Management，2011，37（4）：1019 – 1042.

［63］ 王雪冬，董大海. 商业模式创新概念研究述评与展望 ［J］. 外国经济与管理，2013，35（4）：49 – 61.

［64］ Horowitz A S. The real value of VARS：Resellers lead a movement to a new servce and support ［J］. Mark Comput，1996，16（4）：31 – 36.

［65］ Viscio A，Pasternack B A. Toward a new business model ［J］. Strategy & Business，1996，20（2）：125 – 134.

［66］ Alt R，Zimmermann H D. Introduction to special section-business models ［J］. Electronic Markets – The International Journal，2001，11（1）：1019 – 6781.

［67］ Hamel G. Competing for the future ［M］. New York：Harvard Business School Press，1996.

［68］ Applegate L M，Collura M. Emerging e-business models：Lessons from the field ［M］. New York：Harvard Business School Press，2000.

［69］ Linder J，Cantrell S. Changing business models：Surveying the landscape ［R］. Accenture Institute for Strategic Change，MA，2000.

［70］ Gordijn J，Akkermans H，Van Vliet H. Business modelling is not process modelling ［J］. Conceptual Modeling for E-business and The Web，2000：40 – 51.

［71］ Weill P, Vitale M. Place to space: Migrating to e-business models ［M］. Boston: Harvard Business Press, 2001.

［72］ Rayport J F, Jaworski B J. Introduction to e-commerce ［M］. New York: McGraw – Hill/Irwin Marketspace, 2002.

［73］ Betz F. Strategic business models ［J］. Engineering Management Journal, 2002, 14 (1): 21 – 28.

［74］ Forzi T, Laing P. Business modeling for e-collaboration networks ［C］//Proceedings of the 2002 Information Resources Management Association International Conference (IRMA 2002). Seattle, WA (USA), 2002: 19 – 22.

［75］ Johnson M W, Christensen C, Kagermann H. Reinventing your business model ［J］. Harvard Business Review, 2008 (86): 50 – 59.

［76］ 陈亚民, 吕天品. 文化产业的商业属性及商业模式 ［J］. 商业研究, 2009 (7): 125 – 128.

［77］ 魏炜, 朱武祥, 林桂平. 基于利益相关者交易结构的商业模式理论 ［J］. 管理世界, 2012 (12): 125 – 131.

［78］ Yunus M, Moingeon B, Lehmann – Ortega L. Building social business models: Lessons from the Grameen experience ［J］. Long Range Planning, 2010, 43 (2): 308 – 325.

［79］ 王鑫鑫, 王宗军, 涂静. 基于系统视角的软件企业商业模式创新研究 ［J］. 情报杂志, 2010, 29 (6): 203 – 207.

［80］ 方志远. 我国商业模式构成要素探析 ［J］. 中山大学学报 (社会科学版), 2012, 52 (3): 207 – 214.

［81］ 胡保亮. 商业模式创新、技术创新与企业绩效关系: 基于创业板上市企业的实证研究 ［J］. 科技进步与对策, 2012, 29 (3): 95 – 100.

［82］ Boons F, Lüdeke – Freund F. Business models for sustainable innovation: State-of-the-art and steps towards a research agenda ［J］. Journal of Cleaner Production, 2013, 45: 9 – 19.

［83］ Baden – Fuller C, Haefliger S. Business models and technological innovation ［J］. Long Range Planning, 2013, 46 (6): 419 –426.

［84］ Bocken N M P, Short S W, Rana P, et al. A literature and practice review to develop sustainable business model archetypes ［J］. Journal of Cleaner Production, 2014, 65: 42 –56.

［85］ Taran Y, Taran Y, Nielsen C, et al. Business model configurations: A five – V framework to map out potential innovation routes ［J］. European Journal of Innovation Management, 2016, 19 (4): 492 –527.

［86］ 郭守亭, 李万方, 蔡佳佳. 基于模块化思想的零售商业模式构成及创新路径研究 ［J］. 宏观经济研究, 2016 (2): 113 –119.

［87］ 林巍, 王祥兵. 大数据金融商业模式的构成要素与创新趋势 ［J］. 经营与管理, 2016 (4): 24 –26.

［88］ Paul B. A taxonomy of internet commerce ［J］. First Monday, 1998, 10 (2): 1 –11.

［89］ Tapscott D, Lowy A, Ticoll D. Digital capital: Harnessing the power of business webs ［M］. Boston: Harvard Business Press, 2000.

［90］ Krishnamurthy S. E-commerce management: Text and cases, ［M］. New York: South – Western Thompson learning, 2002.

［91］ 黄培, 陈俊芬. 盈利定律——商业模式的理论、方法与实践 ［M］. 北京: 中国标准出版社, 2003.

［92］ 郑石明. 商业模式变革 ［M］. 广东: 广东经济出版社, 2006.

［93］曾楚宏，朱仁宏，李孔岳．基于价值链理论的商业模式分类及其演化规律［J］．企业经济，2008（6）：102－110.

［94］张婷婷，原磊．基于"3－4－8"构成体系的商业模式分类研究［J］．中央财经大学学报，2008（2）：79－85.

［95］Osterwalder A，Pigneur Y. Business model generation：A handbook for visionaries，game changers，and challengers［M］. New York：John Wiley & Sons，2010.

［96］吴晓波，姚明明，吴朝晖，吴东．基于价值网络视角的商业模式分类研究：以现代服务业为例［J］．浙江大学学报（人文社会科学版），2014，44（2）：64－77.

［97］胡保亮．基于模块化的物联网商业模式：结构、类型与构建［J］．技术与创新管理，2016（2）：172－176.

［98］Benbunan－Fich R. Internet business models and strategies：Text and cases［J］. Mid－Atlantic Journal of Business，2000，36（4）：229.

［99］Smith R S，Thompson M，Speaker M. The complete idiot's guide to e-commerce［J］. Harvard Business Review，2000，78（3）：97－103.

［100］Faber E. Designing business models for mobile ICT services［C］. 16th Bled Electronic Commerce Transformation Conference，2003.

［101］Kodama F. Measuring emerging categories of innovation：Modularity and business model［J］. Technological Forecasting and Social Change，2004，71（6）：623－633.

［102］Yovanof G S，Hazapis G N. Disruptive technologies，services，or business models？［J］. Wireless Personal Communications，2008，45（4）：569－583.

［103］曾涛. 企业商业模式［D］. 四川：西南财经大学，2006.

［104］Kshetri N. Barriers to e-commerce and competitive business models in developing countries：A case study［J］. Electronic Commerce Research and Applications，2008，6（4）：443 –452.

［105］Hughes J，Lang K R，Vragov R. An analytical framework for evaluating peer-to-peer business models［J］. Electronic Commerce Research and Applications，2008，7（1）：105 –118.

［106］郭毅夫. 商业模式转型影响因素的实证研究［J］. 中国管理科学，2012，20（11）：594 –599.

［107］雷晓健. B2C 电子商务企业商业模式选择与实证研究［D］. 南京：南京财经大学，2014.

［108］Hamel G. Leading the revolution［M］. Boston：Harvard Business School Press，2000：12 –40.

［109］Liang L，James A D. The low-cost carrier model in China：The adoption of a strategic innovation［J］. Technology Analysis & Strategic Management，2009，21（1）：129 –148.

［110］Chesbrough H. Business model innovation：Opportunities and barriers［J］. Long Range Planning，2010，43（2）：354 –363.

［111］刘向东. 移动零售下的全渠道商业模式选择［J］. 北京工商大学学报（社会科学版），2014，29（3）：13 –17.

［112］庄建武. 基于构成要素的企业商业模式重塑问题探讨［J］. 商业时代，2010（5）：60 –61.

［113］Suo W L，Feng B，Fan Z P. Extension of the DEMATEL method in an uncertain linguistic environment［J］. Soft Computing，2012，16（3）：471 –

483.

[114] 刘凯宁, 樊治平, 李永海. 考虑多因素关联情形的企业发展战略选择的 SDV 方法 [J]. 管理学报, 2014, 11 (12): 1766 – 1774.

[115] 许秀梅. 商业模式选择与新兴资本配置研究 [J]. 技科技进步与对策, 2015, 32 (14): 76 – 81.

[116] 张承龙, 夏清华. 网络嵌入影响科技型小微企业商业模式选择研究 [J]. 中国科技论坛, 2015 (2): 91 – 96.

[117] 孙永波. 商业模式创新与竞争优势 [J]. 管理世界, 2011 (7): 182 – 183.

[118] 周辉, 李慧, 李光辉. 商业模式构成要素及价值分析 [J]. 学术交流, 2012 (7): 65 – 68.

[119] 胡保亮. 基于画布模型的物联网商业模式构成要素研究 [J]. 技术经济, 2015, 34 (2): 44 – 49.

[120] Richardson J. The business model: An integrative framework for strategy execution [J]. Strategic Change, 2008, 17 (5 – 6): 133 – 144.

[121] Cavalcante S, Kesting P, Ulhøi J. Business model dynamics and innovation: (re) establishing the missing linkages [J]. Management Decision, 2011, 49 (8): 1327 – 1342.

[122] 朱亮, 孟宪学. 文献计量法与内容分析法比较研究 [J]. 图书馆工作与研究, 2013 (6): 64 – 66.

[123] 陈维军. 文献计量法与内容分析法的比较研究 [J]. 情报科学, 2001, 19 (8): 884 – 886.

[124] De Solla Price D J. Is technology historically independent of science? a study in statistical historiography [J]. Technology and Culture, 1965: 6 (4):

553 – 568.

[125] Garfield E. Patent citation indexing and the notions of novelty, similarity, and relevance [J]. Journal of Chemical Documentation, 1966, 6 (2): 63 – 65.

[126] Pritchard A. Statistical bibliography or bibliometrics [J]. Journal of Documentation, 1969 (25): 348.

[127] 王崇德. 计量文献与预测情报 [J]. 情报科学, 1980 (3): 43 – 45.

[128] 王先林. 文献计量学的分析研究对象及应用 [J]. 情报科学, 1983, 4 (6): 15 – 19.

[129] Narin F, Hamilton K S, Olivastro D. The increasing linkage between US technology and public science [J]. Research Policy, 1997, 26 (3): 317 – 330.

[130] Narin F, Noma E. Is technology becoming science? [J]. Scientometrics, 1985, 7 (3 – 6): 369 – 381.

[131] Verbeek A, Debackere K, Luwel M. Science cited in patents: A geographic "flow" analysis of bibliographic citation patterns in patents [J]. Scientometrics, 2003, 58 (2): 241 – 263.

[132] 张振全. 论文献计量学 [J]. 内蒙古民族师院学报 (自然科学版), 2000, 15 (2): 176 – 177.

[133] Gabus A, Fontela E. World problems, an invitation to further thought within the framework of DEMATEL [R]. Switzerland Geneva: Battelle Geneva Research Center, 1972.

[134] Gabus A, Fontela E. Perceptions of the world problematique: Commu-

nication procedure, communicating with those bearing collective responsibility (DEMATEL report no. 1) ［R］. Switzerland Geneva: Battelle Geneva Research Centre, 1973.

［135］Fontela E, Gabus A. The dematel observer, dematel 1976 report ［R］. Switzerland Geneva: Battelle Geneva Research Center, 1976.

［136］Wu W W, Lee Y T. Developing global managers'competencies using the fuzzy DEMATEL method ［J］. Expert Systems with Applications, 2007, 32 (2): 499 – 507.

［137］Lin C J, Wu W W. A causal analytical method for group decision-making under fuzzy environment ［J］. Expert Systems with Applications, 2008, 34 (1): 205 – 213.

［138］Tzeng G H, Chiang C H, Li C W. Evaluating intertwined effects in e-learning programs: A novel hybrid MCDM model based on factor analysis and DE-MATEL ［J］. Expert Systems with Applications, 2007, 32 (4): 1028 – 1044.

［139］刘凯宁, 樊治平, 李永海. 考虑多因素关联情形的企业发展战略选择的 SDV 方法 ［J］. 管理学报, 2014, 11 (12): 1766 – 1774.

［140］Büyüközkan G, Güleryüz S. An integrated DEMATEL – ANP approach for renewable energy resources selection in Turkey ［J］. International Journal of Production Economics, 2016, 182: 435 – 448.

［141］Tseng M L. Using the extension of DEMATEL to integrate hotel service quality perceptions into a cause-effect model in uncertainty ［J］. Expert Systems with Applications, 2009, 36 (5): 9015 – 9023.

［142］Song W, Cao J. A rough DEMATEL-based approach for evaluating interaction between requirements of product-service system ［J］. Computers & Industrial Engineering, 2017, 110 (6): 353 – 363.

[143] Lin C L, Tzeng G H. A value-created system of science (technology) park by using DEMATEL [J]. Expert Systems with Applications, 2009, 36 (6): 9683 – 9697.

[144] Goodman R. Introduction to stochastic models [M]. Monlo Park, California: Benjamin/Cummings Publishing Company, 1988.

[145] Papoulis A, Pillai S U. Probability, random variables, and stochastic processes [M]. New York: McGraw – Hill, 2002.

[146] Aamodt A, Plaza E. Case-based reasoning: Foundational issues, methodological variations, and system approaches [J]. AI Communications, 1994, 7 (1): 39 – 59.

[147] 谢丽. 基于案例的推理方法的海关非传统安全风险管理问题研究 [D]. 上海: 复旦大学, 2011.

[148] 金聪, 郭京蕾. 人工智能原理与应用 [M]. 北京: 清华大学出版社, 2009.

[149] Herrera F, Martinez L. A 2-tuple fuzzy linguistic representation model for computing with words [J]. IEEE Transactions on Fuzzy Systems, 2000 (8): 746 – 752.

[150] Herrera F, Herrera – Viedma E, Verdegay J L. A sequential selection process in group decision making with linguistic assessment [J]. Information Sciences, 1995, 85 (4): 223 – 239.

[151] Herrera F, Martínez L. A model based on linguistic 2-tuples for dealing with multigranular hierarchical linguistic contexts in multi-expert decision-making [J]. IEEE Transaction on Systems, Man and Cybernetics, Part B: Cybernet-

ics, 2001, 31 (2): 227 – 234.

[152] CE Shannon. The mathematical theory of communication [J]. The Bell System Technical Journal, 1948, 27: 379 – 423.

[153] 李亦农，李梅. 信息论基础教程 [M]. 北京：北京邮电大学出版社，2005.

[154] Białynicki – Birula I, Mycielski J. Uncertainty relations for information entropy in wave mechanics [J]. Communications in Mathematical Physics, 1975, 44 (2): 129 – 132.

[155] Lenz M, Burkhard H D. Case retrieval nets: Basic ideas and extensions [M]//KI – 96: Advances in artificial intelligence. Berlin: Springer, 1996.

[156] Jeng B C, Liang T P. Fuzzy indexing and retrieval in case-based systems [J]. Expert Systems with Applications, 1995, 8 (1): 135 – 142.

[157] Lenz M, Burkhard H D, Brückner S. Applying case retrieval nets to diagnostic tasks in technical domains [M]//Advances in Case – Based Reasoning. Berlin: Springer, 1996.

[158] Schaaf J W. Fish and Shrink. A next step towards efficient case retrieval in large scaled case bases [M]//Advances in Case – Based Reasoning. Berlin: Springer, 1996.

[159] 张光前，邓贵仕，王瑾. 变权值下的最近相邻检索策略 [J]. 计算机工程与应用，2003, 39 (11): 40 – 42.

[160] 刘亚杰. 基于公共危机事件案例库的知识推理研究 [D]. 兰州：兰州大学，2013.

[161] 张光前，邓贵仕，李朝晖. 基于事例推理的技术及其应用前景 [J]. 计算机工程与应用，2002, 38 (20): 52 – 55.

［162］李茹，海涛任，刘开瑛，等. 基于案例的推理在农业专家系统中的应用［J］. 计算机工程与应用，2004，40（25）：196 – 198.

［163］聂艳召. 基于案例推理的羊病诊断专家系统研究与实现［D］. 西安：西北农林科技大学，2007.

［164］廖振良，刘宴辉，徐祖信. 基于案例推理的突发性环境污染事件应急预案系统［J］. 环境污染与防治，2009，31（1）：86 – 89.

［165］周凯波，魏莹，冯珊. 基于案例推理的金融危机预警支持系统［J］. 计算机工程与应用，2001，37（14）：18 – 22.

［166］陈久鑫. 基于本体的建筑结构设计案例表示与检索研究［D］. 大连：大连理工大学，2013.

［167］Saaty T L. A scaling method for priorities in hierarchical structures ［J］. Journal of Mathematical Psychology，1977，15（3）：234 – 281.

［168］Chu A T W，Kalaba R E，Spingarn K. A comparison of two methods for determining the weights of belonging to fuzzy sets ［J］. Journal of Optimization Theory and Applications，1979，27（4）：531 – 538.

［169］Hwang C L，Lin M J. Group decision making under multiple criteria ［M］. Berlin：Springer，1987.

［170］Al – Kloub B，Al – Shemmeri T，Pearman A. The role of weights in multi-criteria decision aid，and the ranking of water projects in Jordan ［J］. European Journal of Operational Research，1997，99（2）：278 – 288.

［171］Tzeng G H，Huang J J. Multiple attribute decision making：Methods and applications ［M］. Boca Raton：CRC Press，2011.

［172］Ma J，Fan Z P，Huang L H. A subjective and objective integrated approach to determine attribute weights ［J］. European Journal of Operational Research，1999，112（2）：397－404.

［173］岳超源. 决策理论与方法［M］. 北京：科学出版社，2003.

［174］李怀祖. 决策理论引导［M］. 北京：机械工业出版社，1993.

［175］樊治平，张权，马伟群. 群体多准则决策分析的 TOPSIS 算法［J］. 沈阳工业大学学报，1996，18（3）：90－94.

［176］Hwang C L，Yoon K. Methods for multiple attribute decision making［M］//Multiple attribute decision making. Berlin：Springer，1981：58－191.

［177］Hwang C L，Yoon K. Multiple attribute decision making：Methods and applications［M］. Berlin：Springer，1981.